本书特别感谢江苏省政府研究室、南京市委宣传部对"高成长企业研究博士工作站"的大力支持！

创新 企业研究丛书

高成长企业碳达峰行动

High-Growth Enterprises Carbon Peak Action

郑琼洁 谢 庆 等 著

中国社会科学出版社

图书在版编目（CIP）数据

高成长企业碳达峰行动／郑琼洁等著. —北京：中国社会科学出版社，2023.8

（创新企业研究丛书）

ISBN 978-7-5227-2379-2

Ⅰ.①高… Ⅱ.①郑… Ⅲ.①企业发展—绿色经济—低碳经济—研究—中国　Ⅳ.①F279.23

中国国家版本馆 CIP 数据核字（2023）第 140382 号

出 版 人	赵剑英
责任编辑	孙　萍　涂世斌
责任校对	周　昊
责任印制	王　超

出　　版	中国社会科学出版社
社　　址	北京鼓楼西大街甲 158 号
邮　　编	100720
网　　址	http://www.csspw.cn
发 行 部	010-84083685
门 市 部	010-84029450
经　　销	新华书店及其他书店
印　　刷	北京明恒达印务有限公司
装　　订	廊坊市广阳区广增装订厂
版　　次	2023 年 8 月第 1 版
印　　次	2023 年 8 月第 1 次印刷
开　　本	710×1000　1/16
印　　张	13.5
字　　数	208 千字
定　　价	69.00 元

凡购买中国社会科学出版社图书，如有质量问题请与本社营销中心联系调换

电话：010-84083683

版权所有　侵权必究

序

当前，中国特色社会主义进入新时代，我国社会主要矛盾转化为人民日益增长的美好生活需要和不平衡不充分发展之间的矛盾，人民群众对优美生态环境的需要已经成为这一矛盾的重要方面。在新发展理念的引领下，党中央所提出的力争2030年前实现碳达峰、2060年前实现碳中和，是以习近平同志为核心的党中央经过深思熟虑作出的重大战略决策，是我们对国际社会的庄严承诺，也是推动高质量发展的内在要求。自"双碳"行动提出以来，中国碳达峰碳中和"1+N"政策体系进一步完善，各部门先后出台能源转型、节能降碳增效、工业、城乡建设、交通运输等领域政策文件40余项，各地区、各行业结合实际细化碳达峰行动方案，落实举措进一步健全，碳达峰碳中和工作取得积极进展。在保持经济社会持续健康发展的同时，坚持推进碳达峰行动，推动碳达峰工作不断迈上新台阶，是经济社会发展全面转型的复杂工程和长期任务，也是破解我国资源环境约束突出问题的迫切需要。

国家低碳试点政策是助力"双碳"目标实现的重要举措，对工业绿色全要素生产率及低碳绿色发展具有重要的影响意义。而我所主持的国家重大科学研究，深刻揭示并反复论证了三方面研究价值。

一是低碳城市试点政策可以显著提高城市工业绿色全要素生产率。根据各行业碳排放结构分析，以高能耗、高碳排放为特征的工业是我国碳排放的主要来源，也是低碳城市建设的重点领域，低碳试点政策能够提高工业生产效率，促进工业绿色全要素生产率的提升，显著降低试点城市在生产、生活和政府行政各方面的碳排放水平，进一步推动碳达峰行动。二是低碳试点政策对工业绿色全要素生产率还具有间接效应，技术创新是该政策提高工业绿色全要素生产率的正向中介。合理的环境规制政策可以通过激励企业实现技术创新、提高绿色生产效率以实现环境效益与经济利润的双赢，在实现绿色发展目标的同时，技术创新作为生产率提高的内在动力，将助力城市工业绿色全要素生产率的增长，同时对城市的绿色生态发展起到推进作用。三是低碳试点政策对工业绿色全要素生产率的影响具有异质性。针对不同的地理位置，该政策所展现的促进效果也不尽相同，低碳试点政策对资源型城市工业绿色全要素生产率具有更显著的影响。进而提出基于不同的地域城市，碳达峰工作内容也应做到具体问题具体分析。

近年来，在全球变暖、气候变化成为人类面临的全球性问题的背景下，世界各国以全球协约的方式减排温室气体，碳达峰碳中和成为我国日益重要且需要切实落实的战略部署，这一战略部署符合我国可持续发展的内在要求，也是维护气候安全、共谋全球生态文明建设的必然选择。具体来看，高成长企业在碳达峰中发挥重要作用的现实意义主要体现在如下三个方面。

第一，是深入贯彻习近平生态文明思想、推动经济社会高质量发展的内在要求。推进碳达峰碳中和，坚定不移走生态优先、绿色低碳的高质量发展道路，加快形成节约资源和保护环境的产业结构、生产方式、生活方式、空间格局，将为我国在2035年基本实现社会主义现代化、本世纪中叶建成富强民主文明和谐美丽的社会主义现代化强国奠定坚实基础。第二，是认真落实"四个革命、一个合作"能源安全新战略、统筹发展和安全的重要举措。在"四个革命、一个合作"能源安全新战略科学指引下，高成长企业积极应对内外部环境变化带来的新挑战，加快构建清洁低碳安全高效的企业能源体系，为我国建设现代化经济体系提供了坚强的支撑。推进碳达峰碳中和，有助于协调推进经济建设、社会建设和生态文明建设，全面提高气候安全保障水平，既能有效应对气候变化挑战，切实保障国家能源安全，又能加快推动绿色低碳发展，增强发展的协调性和可持续性。第三，是高成长能源企业顺应能源发展大势、加快建设世界一流企业的重要机遇。推进碳达峰碳中和，将极大促进绿色低碳循环发展的产业体系和清洁低碳安全高效的能源体系建设，大幅提高能源利用效率，推动绿色低碳技术研发和推广应用，实现能源企业更高质量、更有效率、更可持续、更为安全的发展。

郑琼洁研究员带领她的团队完成的书稿《高成长企业碳达峰行动》围绕"碳达峰行动"开展研究，探究高成长企业如何助力碳达峰行动，是高成长企业研究博士工作站完成的系列第四本书。该书从理论视角探讨碳达峰行动的企业责任及国家政策，同时结合大量调研选择15家具有代表性的高成长企业案例，探究这些高成长企业在碳达峰行动中做了哪些事、取得了什么样的效果，并在路径选择方面从科技、财税、碳交易这三个视角，研究如何支持高成长企业碳达峰行动。丰富的案例、务实的建议都能为高成长企业赋能碳达峰行动提供可靠支持。相信高成长企业研究博士工作站越办越好！

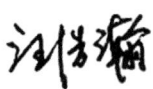

2023年4月

前　言

2020年9月，习近平总书记在第七十五届联合国大会一般性辩论上提出，"中国将提高国家自主贡献力度，采取更加有力的政策和措施，二氧化碳排放力争于2030年前达到峰值，努力争取2060年前实现碳中和"。在十九届中央政治局第二十九次集体学习时，习近平总书记强调"降低二氧化碳排放、应对气候变化不是别人要我们做，而是我们自己要做。实现碳达峰、碳中和是我国向世界做出的庄严承诺，也是一场广泛而深刻的经济社会变革，绝不是轻轻松松就能实现的"。

碳达峰碳中和是我国发展过程中的重大理论和实践问题之一，绿色低碳发展是经济社会发展全面转型的复杂工程和长期任务。2021年国务院印发《2030年前碳达峰行动方案》，提出将碳达峰贯穿于经济社会发展全过程和各方面，重点实施能源绿色低碳转型行动、节能降碳增效行动、工业领域碳达峰行动、城乡建设碳达峰行动、交通运输绿色低碳行动、循环经济助力降碳行动、绿色低碳科技创新行动、碳汇能力巩固提升行动、绿色低碳全民行动、各地区梯次有序碳达峰行动，是为"碳达峰十大行动"。

企业是经济发展的重要主体，也应是碳达峰碳中和的重要主体，特别是高成长企业更应在碳达峰碳中和中发挥重要的作用。本书以"高成长企业碳达峰行动"作为切入点，围绕"碳达峰十大行动"（绿色低碳全民行动、各地区梯次有序碳达峰行动除外）开展研究，探究高成长企业如何助力碳达峰行动。全书分为"概述篇""案例篇""路径篇"三个篇章。在"概述篇"，对碳达峰行动的企业责任、主要国家和地区碳中和目标和政策等进行梳理。在"案例篇"，根据能源绿色低碳转型行动、节能降碳增效行动、工业领域碳达峰行动、城乡建设碳达峰行动、交通运输绿色低碳行动、循环经济助力降碳行动,选择15家高成长企业案例,探究这些高成长企业在碳达峰行动中做了哪些事、取得了什么样的效果。在"路径篇",从科技、财税、碳交易三个视角,研究如何支持高成长企业碳达峰行动。

本书的特色在于:一方面,具有生动鲜活性,选择15个生动鲜活的案例进行详细研究,为高成长企业助力碳达峰行动提供经验借鉴;另一方面,具有政策关联性,紧扣《2030年前碳达峰行动方案》开展研究,从科技、财税和碳交易视角提出可操作的政策建议。

目　录

概述篇

第一章　碳达峰行动的企业责任 …………………………………（3）
　第一节　企业碳达峰行动的背景与意义 ……………………（3）
　第二节　企业在碳达峰行动中的角色和地位 ………………（7）
　第三节　企业在碳达峰行动中的作用和职责 ………………（11）

第二章　碳达峰行动的相关理论回顾 ……………………………（16）
　第一节　碳足迹理论 …………………………………………（16）
　第二节　碳市场理论 …………………………………………（19）
　第三节　低碳技术应用理论 …………………………………（20）

第三章　碳达峰行动的政策梳理 …………………………………（23）
　第一节　主要国家和地区碳中和目标 ………………………（23）
　第二节　主要发达国家推进碳达峰碳中和的经验 …………（28）
　第三节　中国碳达峰行动的扶持政策 ………………………（30）
　第四节　国资央企在碳达峰行动中的示范引领作用 ………（38）

案例篇

第四章　高成长企业推动能源绿色低碳转型行动 ………………（45）
　第一节　能源绿色低碳转型行动总体成效 …………………（45）

第二节　南京南钢：120MW 资源高效利用发电项目 ……… （49）
第三节　双良集团：聚焦双碳 数字赋能 打造核心
　　　　竞争力 ……………………………………………… （57）

第五章　高成长企业推动节能降碳增效行动 ……………… （65）
第一节　节能降碳增效行动总体成效 ………………………… （65）
第二节　安元科技："工业互联网 + 数字化能源"
　　　　解决方案 …………………………………………… （68）
第三节　碧盾环保：高耗水行业的"节能管家" …………… （72）

第六章　高成长企业推动工业领域碳达峰行动 ……………… （77）
第一节　工业领域碳达峰行动总体成效 ……………………… （77）
第二节　久吾高科：膜集成技术整体解决方案
　　　　"领跑者" …………………………………………… （80）
第三节　南京科润：绿色高性能工业介质的
　　　　"领军者" …………………………………………… （84）

第七章　高成长企业推动城乡建设碳达峰行动 ……………… （94）
第一节　城乡建设碳达峰行动总体成效 ……………………… （94）
第二节　好享家：零碳建筑数智化系统服务商 ……………… （96）
第三节　菲尼克斯电气：智慧楼宇解决方案供应商 ………… （103）
第四节　易司拓：能源消费和能效提升管理者 ……………… （107）

第八章　高成长企业推动交通运输绿色低碳行动 …………… （113）
第一节　交通运输绿色低碳行动总体成效 …………………… （113）
第二节　T3 出行："数字化 + 绿色化"协同驱动
　　　　出行变革 …………………………………………… （115）
第三节　云快充：为新能源汽车充电与能源管理
　　　　提供服务 …………………………………………… （121）
第四节　中储智运：打造数字物流平台 ……………………… （126）
第五节　开沃集团：推动整车行业降碳 ……………………… （130）

第九章　高成长企业推动循环经济助力降碳行动…………（134）
　　第一节　循环经济助力降碳行动总体成效…………………（134）
　　第二节　擎工互联：碳排放数据和碳资产运营
　　　　　　管理专家………………………………………………（136）
　　第三节　万德斯：智慧型环境治理及资源化专家…………（140）

路 径 篇

第十章　科技支撑高成长企业碳达峰行动…………………（147）
　　第一节　高成长企业碳达峰的科技支撑逻辑………………（147）
　　第二节　高成长企业碳达峰行动的技术支撑体系…………（151）
　　第三节　科技支撑高成长企业碳达峰的发展路径…………（158）

第十一章　财税支持高成长企业碳达峰行动………………（165）
　　第一节　财政政策支持高成长企业碳达峰行动……………（165）
　　第二节　税收政策支持高成长企业碳达峰行动……………（169）
　　第三节　政府采购政策支持高成长企业碳达峰行动………（175）

第十二章　碳交易支撑高成长企业碳达峰行动……………（181）
　　第一节　碳排放市场规制支撑高成长企业碳达峰行动……（181）
　　第二节　碳配额现货交易支撑高成长企业碳达峰行动……（188）
　　第三节　碳金融支撑高成长企业碳达峰行动………………（194）

参考文献………………………………………………………（199）

后　记…………………………………………………………（205）

概述篇

第一章　碳达峰行动的企业责任

企业特别是高成长企业，是较为特殊的一类经济主体。高成长企业发展速度快，能带来高效益，具有高增长、高投资回报特点，能引起当代生产领域的变革并处于当代经济前沿，应前瞻把握、主动适应绿色低碳发展要求，在推进国家碳达峰碳中和中发挥示范引领作用。2021年国务院印发《2030年前碳达峰行动方案》，25次提到"企业"，这说明企业特别是高成长企业，应该在碳达峰行动中承担重要职责。企业在碳达峰行动中扮演着关键角色，具有特殊地位，发挥着重要作用，承担着重大职责。作为碳达峰行动的责任主体、执行主体和受益主体，企业特别是高成长企业应该意识到"双碳"目标的重要性，积极应对政策约束，转变发展理念，采取切实可行的措施，在推进中国式现代化建设、促进经济高质量发展和绿色低碳转型发展的大背景下，推动实现碳达峰碳中和目标，为建设美丽中国做出更大的贡献。

第一节　企业碳达峰行动的背景与意义

企业碳达峰行动有着深刻的背景和重要的意义，可从中国式现代化建设、高质量发展和绿色转型升级三个视角探析。

一　中国式现代化建设背景下的绿色发展要求

当前，全球气候变暖问题日益凸显，碳减排成为了全球范围内的重要议题。为应对日益严峻的全球气候变化危机，国际社会已就"碳达峰碳中和"目标达成共识，聚焦减少碳消耗、碳排放的低碳绿色发展已成为当前人类社会发展的根本方向和未来趋势。2020年9月22日，习近平总书记在第七十五届联合国大会一般性辩论上宣布，"中国将提高国家自主贡献力度，采取更加有力的政策和措施，二氧化碳排放力争于2030年前达到峰值，努力争取2060年前实现碳中和"。这一讲话充分彰显了我国在参与全球气候危机治理和推动世界经济"绿色复苏"中的大国担当。

党的二十大报告指出，"从现在起，中国共产党的中心任务就是团结带领全国各族人民全面建成社会主义现代化强国、实现第二个百年奋斗目标，以中国式现代化全面推进中华民族伟大复兴"。中国式现代化具有五个方面的重要特征，其中"人与自然和谐共生的现代化"是其重要特征之一，这一特征强调物质文明建设和生态文明建设协同推进。习近平总书记指出："中国式现代化必须走人与自然和谐共生的新路。这是对我们自己负责，也是对世界负责。"中国式现代化站在人与自然和谐共生的高度来谋划经济社会发展，既坚持推动绿色低碳发展，又积极推动全球可持续发展，已经在中国生态文明建设实践中取得了历史性成就。可以说，中国式现代化道路必将为全球生态文明建设凝聚思想共识，为共建地球生命共同体贡献中国智慧和中国力量，为马克思、恩格斯所提出的"人与自然和解"提供全新的实践样本。

中国式现代化强调人与自然和谐共生，是经济发展和生态文明建设协同推进的重要特征。在当前全球气候变暖问题日益凸显的背景下，碳达峰碳中和成为全球范围内的重要议题。实现碳达峰碳中和不仅是实现中国式现代化的应有之义，更是中国式现代化建设背景下的必然要求。因此，企业特别是高成长企业应该在碳达峰行动中发挥重要的作用和职责，为推进经济高质量发展和可持续发展贡献力量。

二 高质量发展背景下的经济可持续发展要求

改革开放以来，中国经济持续高速增长，目前我国已成为全球第二大经济体。然而，在我国经济快速发展、经济总量不断增长的背景下，对能源的消耗量也逐年增加，导致了大量的碳排放。据国家统计局公布的数据，2021年我国能源消耗量达52.4亿吨标准煤，产生二氧化碳排放119亿吨，占全球排放总量的33%，我国的能源消耗量与二氧化碳排放量均位居世界首位。当前，中国特色社会主义已迈入新时代，经济高质量发展已成为我国未来一段时期发展的重要目标，生态环境保护等一系列问题也由过去一段时期内经济发展的负担转变为高质量发展的驱动力。在我国经济结构面临转型升级和构建新发展格局的背景下，碳达峰碳中和目标的提出为"十四五"乃至更长时期的经济社会发展指明了道路，是生态环境根本好转和美丽中国建设目标基本实现的重要路径。

实现碳达峰碳中和是一场广泛而深刻的经济社会系统性变革。过去几十年间，我国经济增长主要以"粗放式、高污染、高耗能"的发展模式为主，强调"量"的增长而忽视"质"的提升。2015年，习近平总书记在党的十八届五中全会第二次全体会议上首次提出"创新、协调、绿色、开放、共享"五大新发展理念，为"十三五"及其后时期的经济建设提供了新的发展思路。2017年，党的十九大报告首次使用高质量发展这一概念，明确提出"我国经济已由高速增长阶段转向高质量发展阶段"的重要论断。经济发展质量和效益的重要性在高质量发展时期被提高到前所未有的高度，"建立健全绿色低碳循环发展的经济体系"是高质量发展时期的重点内容。2021年10月，国务院印发的《2030年前碳达峰行动方案》指出2030年中国单位GDP二氧化碳排放应较2005年下降65%以上，同时将工业与交通运输业确定为重点减排对象，将"碳达峰"所需采取的措施具体化。党的二十大报告进一步提出，要"积极稳妥推进碳达峰碳中和，立足我国能源资源禀赋，坚持先立后破，有计划分步骤实施碳达峰行动"。从逻辑上看，碳达峰碳中和目标与我国经济高质量发展的内在价值理念高度契合，"双碳"目标的实现是未来一个时期内我国经济社会发展的关键任务和战略导向。

"双碳"目标的推进和落实，不仅是我国经济高质量发展背景下的可持续发展要求，也对我国未来一段时期的经济社会发展具有深刻意义并将产生深远影响。绿色发展、低碳发展、可持续发展已成为我国经济高质量发展的主旋律，不仅对国内发展具有积极意义，也为国际气候变化治理提供助力。

三　绿色转型升级背景下的企业创新发展要求

实现碳达峰碳中和是我国生态文明建设整体布局的重要举措，将涉及经济社会的方方面面，作为实现"双碳"目标的关键主体，绿色低碳转型升级和可持续发展已成为企业长期高质量发展的必由之路。绿色低碳转型发展，为企业实现低碳减排、绿色创新带来了机遇和挑战。对企业特别是高成长企业而言，碳达峰碳中和行动为企业绿色转型升级提出了创新发展的新要求，这不仅可以推动企业向低碳、环保的方向发展，也可以提高企业的核心竞争力和可持续发展能力。

在绿色转型升级的大背景下，为实现"碳达峰碳中和"目标，作为"双碳"行动的重要主体和关键推动者，企业特别是高成长企业必须主动应对挑战，转变发展理念，迅速展开行动，发挥积极作用。绿色转型升级背景下的企业创新发展要求，一方面体现在企业技术创新发展上，企业特别是高能耗企业必须适时转变生产经营理念。"双碳"目标的确立意味着企业将面临更多的政策约束，如日趋严格的碳排放标准和高昂的碳排放成本，这些都会直接带来企业成本的增加和利润的削减。企业迫切需要发展清洁能源技术，采用可再生能源，减少对环境的影响，提高生产效率。此外，通过研发新材料和新工艺，提高产品质量，满足市场需求，实现可持续发展。另一方面体现在企业管理创新发展上，企业要尽快构建低碳发展管理体系，提升企业碳管理水平。企业要在统一碳排放数据口径的基础上，主动对接政府有关部门关于低碳发展的决策部署，明确短期、中期和长期节能减排战略目标，统筹规划并出台以核心业务减排计划为主要内容的碳减排计划。低碳模式下，企业如何实现最大限度的节能减排、发展脱碳战略将决定企业的发展命脉。只有走上低碳经济的发展道路，将低碳理念与企业日常生产经营进行有机融合，才能实现企业的可持续发展。因此，企业特别是高成长企业应该主动出击，推动自身向绿色低碳发展转型，引领各行业"提标、增效、节能、降碳"，助力碳达峰行动。

2021年，国务院印发的《2030年前碳达峰行动方案》提出了实现碳达峰的"十大行动"，其中包括加强企业碳排放监测和管理，鼓励企业通过技术创新等手段减少碳排放等。企业特别是高成长企业作为市场活动中的主要参与者，既是经济发展的重要力量，也是碳减排的重要主体，理应在碳达峰行动中发挥重要的作用和职责。以"双碳"目标作为企业绿色转型升级的长期发展要求，不仅有助于推动企业向低碳、环保的方向发展，提高企业的核心竞争力和可持续发展能力，还有助于企业提高社会责任感和品牌形象，实现可持续发展。随着中国式现代化建设的不断推进，企业特别是高成长企业应该积极响应碳减排行动，以此为契机推动自身绿色低碳转型升级，助力实现经济高质量发展和可持续发展。

总而言之，厘清企业特别是高成长企业在碳达峰行动中所扮演的角色以及相应的地位，分析企业在碳达峰行动中应该发挥的作用和职责，对于探讨未来政策支持高成长企业落实碳达峰行动的可能途径均具有重要的理论价值和现实意义。

第二节　企业在碳达峰行动中的角色和地位

企业作为经济活动的主要参与者和环境质量的主要影响者，在碳达峰行动中发挥着重要作用，应自觉地将碳达峰目标转化为企业行动，把低碳发展理念融入企业生产经营全过程，加快绿色转型，展现责任担当。企业在碳达峰行动中扮演多重角色，既是碳达峰的责任主体，也是执行主体，还是受益主体。

一　企业是碳达峰的责任主体

作为全球经济的重要组成部分，企业在碳排放方面同样发挥着至关重要的作用。企业作为经济发展的主体和温室气体排放的主要来源，必须承担碳达峰的责任并发挥主体作用。在这一背景下，"企业是碳达峰的责任主体"成为了越来越多人的共识。企业作为碳达峰的责任主体，主要体现在以下三个方面。

一是企业在碳排放方面的影响力不容忽视。联合国环境规划署（UNEP）发布的《全球环境展望（2019年版）》报告显示，全球二氧化碳排放主要是由包括能源、工业、交通、建筑等行业在内的企业的经济活动造成的①。此外，大型企业的碳排放量远远超过了小企业。CDP（Carbon Disclosure Project）公布的调查报告显示，1988—2015年，全球100家企业排放了全球71%的温室气体②。作为经济活动的主要参与者和碳排放的主要贡献者，如果企业不能够减少自身的碳排放量，那么碳达峰碳中和目标将难以实现。

二是企业拥有降低碳排放的技术和资源。为了达到碳达峰的目标，需要采用低碳的生产方式和能源利用方式，这要求社会投入大量的资源用于相应绿色技术和绿色产品的研发创新，而企业具备相应的资源和技术条件。此外，企业还可以通过构建低碳管理体系的方式来优化企业在生产经营活动中的碳排放问题，如通过降低物流成本、减少能源消耗、提高能源效率等方式来减少碳排放。总之，随着对绿色低碳技术的不断研发和应用，企业可以更加灵活地应对碳达峰的要求。

三是企业是社会责任的主体，应该在环保方面发挥先导作用。作为经济活动的主要推动者，企业具有举足轻重的地位，其在环保方面的行动会对整个社会产生重要的示范作用。企业如果能够主动采取措施降低碳排放，不仅能够减缓气候变化的进程，还能够提高企业形象和竞争力，实现可持续发展。

综上所述，碳达峰目标的实现不仅离不开企业的参与，事实上，企业更是碳达峰行动的责任主体，企业的碳达峰对于实现减排目标具有重要意义。作为碳达峰的责任主体，企业需要履行社会责任，主动适应绿色低碳发展要求，强化环境保护责任意识，加强能源资源节约，提升绿色创新水平。其中，高成长企业尤其应该发挥引领作用，抢抓发展机遇，加快绿色转型升级。

二 企业是碳达峰的执行主体

作为社会经济活动的主要参与者和二氧化碳排放的主要贡献者，

---

① UNEP（United Nations Environment Programme），"Global Environment Outlook 6"，4 March，2019，https：//www.unep.org/geo/geo-resources/geo-6.

② The Carbon Major Database Report，CDP（Carbon Disclosure Project）：100 Companies are responsible for 71% of GHG emissions，https：//www.activesustainability.com/climate-change/100-companies-responsible-71-ghg-emissions/?_adin=02091410131.

企业不仅是碳达峰行动的责任主体,同时也是碳达峰行动的执行主体。具体而言,企业作为碳达峰行动的执行主体主要体现在以下两个方面。

一方面,企业,特别是能源、工业、交通行业的企业是碳排放的主要来源,也是推动碳达峰碳中和目标实现的重要参与者。在参与社会经济活动的过程中,企业可以通过对生产经营所涉及的多个环节进行优化调整,来实现碳减排目标。具体而言,这些措施包括:(1)通过采用更加节能的生产工艺、设备,降低能源消耗,提升能源利用效率;(2)通过技术创新、产品设计等手段,推出更加环保、低碳、高效的产品和服务;(3)参与碳交易市场,购买和出售碳配额,实现碳排放权的合理配置和管理;(4)建立碳排放信息数据库,加强内部碳排放管理,建立统一化、规范化、程序化的能耗和碳排放数据管理系统,并根据碳排放量变化实时更新数据库,以准确掌握企业碳排放现状。

另一方面,政策推动也是促使企业成为碳达峰执行主体的重要原因。近年来,各国政府通过出台相关法规和政策,鼓励企业采取碳达峰行动。例如,欧盟在2020年提出了碳中和计划,旨在到2050年实现碳中和。中国政府也于2020年底发布了《碳达峰碳中和行动计划(2021—2025年)》,要求企业加强碳排放管理和降低碳排放水平。政策的推动能够促进企业更加积极地履行自己的社会责任,同时也为企业在环保方面采取行动提供了更多的支持和动力。

总而言之,在实现碳达峰的过程中,企业是重要的执行主体。企业需要加强环保管理,推进技术创新和低碳转型,积极参与碳市场,加强社会责任,为实现碳减排和可持续发展做出积极贡献。同时,政府、行业组织和公众也需要为企业提供支持和帮助,共同推动碳达峰行动的实现。只有企业、政府和社会共同发力,才能实现碳达峰碳中和的目标,为建设美丽中国和人类命运共同体做出应有的贡献。

三 企业是碳达峰的受益主体

碳达峰既是一个环保问题,也是一个经济问题。碳达峰碳中和是国家为促进低耗降排与实现环保经济发展而部署的一项长期任务,但过多的碳排放却不利于企业长远发展,通过参与碳减排行动,企业自身也可以实现多方面的利益。事实上,企业不仅是碳达峰行动的责任主体和执行主体,更是碳达峰行动的受益主体。企业作为碳达峰行动的受益主体,主要体现在以下几个方面。

一是企业会遭受气候变化所带来的直接风险和间接风险。一方面,企业可能会遭受气候变化所带来的直接风险。以咖啡产业为例,咖啡种植企业、贸易商、烘焙商、零售商和金融机构都将受到气候变化的影响,包括投资选址、作物产出以及项目本身所面临的环境风险等。另一方面,在全球气候变暖以及极端天气频发的大背景下,企业还将面临来自政府和社会公众的监管风险、声誉风险、经济风险、法律风险等一系列风险。从短期来看,企业在参与碳达峰行动的过程中,通过减少能源消耗和碳排放量,不仅降低了能源和环境成本,也减少了因环境问题而引起的风险和法律责任;从长期来看,随着碳达峰碳中和目标的实现,企业在从事经济活动时也将面临更少的气候风险和环境风险。

二是参与碳减排行动可以提高企业的竞争力。具体而言,企业参与碳达峰行动至少可以从以下三个方面提升自身竞争力。首先,企业在碳达峰行动中可以减少碳排放成本。碳排放成本是企业长远发展的重要制约因素,随着碳排放费用的逐渐增加,企业通过减少碳排放,可以降低碳排放费用,从而降低企业的经营成本。其次,参与碳达峰行动一定程度上可以倒逼企业进行绿色创新。碳达峰意味着企业需要通过绿色创新技术的研发和应用来提高其节能减排水准,这一定程度上可以促使其不断进行绿色技术创新。最后,参与碳减排行动可以获得政策和市场的支持。随着碳减排行动的推进,政府和市场也将逐渐提供更多的支持和优惠政策。例如,政府可以为企业提供低碳转型的资金支持和税收减免,市场可以为企业提供碳中和标准认证和环保认证,从而为企业创造更多的商机和发展空间。

三是企业在碳达峰行动中可以获得更多的商业机会。随着全球环保意识的不断提高,碳减排能力将成为企业吸引消费者的关键要素之一,在未来,越来越多的消费者将倾向于购买低碳的产品和服务。因此,对于那些能够降低碳排放的企业,它们将会受到更多消费者的青睐，从而获得更多的商业机会。此外，企业在碳达峰行动中可以提升自身的社会形象。企业是社会的一分子，应该承担起自身的社会责任。在碳达峰行动中，企业可以通过积极履行节能减排等环境责任，塑造出绿色低碳环保的社会形象，从而赢得公众的认可和尊重，进而提升其品牌价值，获得更多消费者和投资者的关注和支持。

总而言之，企业是碳达峰的受益主体之一。通过参与碳减排行动，企业不仅可以降低经营成本并减少相关的直接风险和间接风险，还能提高自身的竞争力以及获得更多的商业机会。因此，企业应该积极参与碳达峰行动，承担起自身的环保和社会责任，为自身的长期向好发展注入新的动力。

第三节 企业在碳达峰行动中的作用和职责

面对碳达峰碳中和带来的挑战和机遇，企业特别是高成长企业应该承担相应责任，主动发挥带头作用，带动行业高质量发展，推动形成资源节约、环境友好、产业优化、布局科学的绿色低碳发展格局。在碳达峰行动中，企业既要发挥社会节能减排中的示范作用，又要发挥绿色技术创新中的引领作用，还要承担碳排放信息披露的关键职责。

一 社会节能减排中的示范作用

节能减排是应对气候变化、实现碳达峰碳中和的重要手段。企业作为经济活动的重要主体，既是能源消费和污染物排放的主要来源，也是节能技术和产业发展的主要推动力，在社会节能减排中具有重要的示范作用。企业在社会节能减排中发挥示范作用具有多方面的原因。首先，企业特别是高成长企业作为市场活动中的重要参与者，其节能减排行为会对其他企业产生示范作用，从而有助于推动整个行业的绿色转型升级。其次，企业的节能减排行为可以影响消费者的购买决策，从而促进绿色消费的普及和发展。最后，企业的节能减排行为可以提高企业的社会责任形象，增强公众对企业的信任和认可。具体而言，企业可以通过以下三个渠道来发挥其在社会节能减排中的示范作用。

一是通过自身行动展示节能减排的可行性和有效性。企业可以通过优化生产流程、提高设备效率、采用清洁能源、开展碳交易等方式，在不影响生产经营质量和效益的前提下，实现自身的节能降耗、低碳发展。这样不仅可以为其他企业提供可借鉴的经验和案例，也可以为政府部门制定相关政策和标准提供参考依据。

二是通过技术创新推动提高节能减排的水平和速度。企业可以通过加大研发投入、掌握核心技术、培育新型产业、拓展新型市场等方式，在节能领域形成自主创新优势。这样不仅可以提升自身竞争力和影响力，也可以为整个社会提供更多更好的节能产品和服务，促进社会整体节能水平的提升。

三是通过社会责任引领节能减排的理念和文化。企业可以通过加强绿色产品设计、推广循环经济模式、参与公益活动等方式，在全社会树立起良好的绿色形象。这样不仅可以赢得消费者的信任和支持，也可以增强社会公众对节能减排工作的认识和参与度，在全社会形成良好的节能减排氛围。

总而言之，企业在节能减排中具有重要而独特的示范作用。一方面，企业作为产业链上的重要环节，通过采用先进的生产工艺和管理模式，可以实现节能减排和资源利用的最大化，带动整个产业链的节能减排。另一方面，企业作为社会的一员，通过推广清洁能源和低碳技术，可以向消费者和社会传递低碳环保的理念和生活方式，推动全社会的低碳转型。面对碳达峰碳中和带来的挑战和机遇，企业特别是高成长企业应该发挥示范作用，积极履行社会责任，推动绿色低碳转型升级，提高自身的竞争力和可持续发展能力，为实现经济的高质量发展和良好的生态环境做出积极贡献。

二　绿色技术创新中的引领作用

绿色技术是指以节能、减排、保护环境为目标，运用创新的理念、方法和手段，开发和利用清洁、高效、可再生的技术和产品的过程。绿色技术是推动经济可持续发展和环境保护的重要手段，也是企业实现可持续发展和环境保护的重要着力领域。碳达峰碳中和目标的实现离不开技术创新和绿色技术的应用，企业作为技术创新和生产应用的基本主体，具有重要的绿色技术引领作用。一方面，企业通过自主研发或合作开发，能够不断推出符合市场需求和环境标准的绿色技术和产品，提高了自身的竞争力和效益，同时也为消费者提供了更多的选择和便利。另一方面，企业通过示范应用和产业化推广，将绿色技术从实验室转化为现实生产力，带动了相关产业链的升级和转型。

具体而言，企业在绿色技术创新中的引领作用可以体现在以下几个方面：一是推广清洁能源使用。清洁能源是绿色技术的重要领域，企业可以通过自身的技术创新和应用，推广清洁能源的应用，如太阳能、风能、生物质能等。企业可以在自己的生产和经营中应用清洁能源，减少对传统能源的依赖，从而降低企业的能源成本和环境污染。二是推广绿色产品和服务。企业可以通过技术创新，研发和推广绿色产品和服务。例如，智能家居、清洁能源设备、节能设备等。绿色产品和服务可以满足消费者对环保和健康的需求，提高企业的市场竞争力和品牌形象。三是推广节能和资源循环利用技术。节能和资源循环利用是绿色技术应用的重要领域。企业可以通过研发高效节能设备、采用节能管理系统、实现废弃物的资源化利用，实现能源和资源的节约和循环利用。四是推广低碳环保管理体系。如企业可以建立完善的碳减排管理体系，制定碳减排管理制度和标准，落实碳减排责任，加强碳排放数据的收集和监测，实时掌握碳排放情况，及时发现和解决问题，保证碳减排目标的实现。

值得注意的是，能够在绿色技术创新中发挥引领作用的企业，还需要具备以下几个方面的条件：第一，具有雄厚的科技创新实力。企业需要投入大量的资金和人力，针对碳减排问题开展深入研究，掌握先进的碳减排技术和方法，不断推动技术创新，提高企业的绿色竞争力。第二，具有完善的技术创新体系。企业需要建立完善的技术创新体系，包括专业的研发团队、科技创新基地、技术创新机制等，为技术创新提供有力的支持。第三，具有良好的企业文化和价值观。企业需要树立绿色低碳的企业文化和价值观，推崇节约资源、保护环境的理念，不断提高员工的环保意识和责任感。高成长企业所具有的发展速度快、高效益、高增值以及处于当代生产变革领域前沿的这些特点决定了高成长企业在绿色技术创新中扮演着尤为重要的角色。

此外，以高成长企业为重点的各类型企业在绿色技术创新中的引领作用还需要政府、社会、媒体等各方面的支持和配合。政府应该制定有利于绿色技术创新和应用的法规政策，并加大财政投入和税收优惠等激励措施的实施力度。社会应该树立节能环保的意识和价值观，并积极参与到绿色消费和生活方式中去。媒体应该加强对绿色技术成果的宣传报道，并监督揭露那些违反环境法律法规或损害公共利益的行为。总之，企业尤其是高成长企业在绿色技术创新中扮演着重要角色，但也需要各方面共同努力，才能形成良好的创新生态系统，最终推动碳达峰碳中和目标的达成。

三 碳排放信息披露的关键职责

碳排放信息透明是指企业按照法律法规和标准规范，主动、及时、准确、完整地向社会公开自身的碳排放情况和管理措施，接受社会监督和评价的行为。一方面，企业作为碳排放的主要源头和碳减排的重要主体，在碳排放信息透明中承担着关键职责；另一方面，碳排放信息透明对于推动企业实现低碳转型，促进碳市场发展，提升国际竞争力等方面也具有重要作用。具体而言，企业在碳排放信息透明方面的关键职责主要包括以下几个方面。

一是企业应该公开自身的碳排放信息。企业应该承担公开自身的碳排放信息的职责。企业作为影响气候变化的主要原因之一，其自身的碳排放量对于整个社会的碳排放水平有着至关重要的影响。因此，企业应该建立健全自身的碳排放核算和报告制度，并按照相关要求定期向政府部门和社会公众披露自身的碳足迹、减排目标、气候风险等信息。这样可以增强企业对自身碳排放状况的了解和控制，提高气候治理能力，并为政府制定合理的环境政策提供数据支撑。

二是企业应该推动产业链上下游的碳排放信息公开。企业作为产业链上的一环，其影响不仅局限于自身的碳排放情况，还涉及整个产业链上下游的碳排放行为。因此，企业应该承担推动产业链上下游的碳排放信息公开的职责。企业可以通过与供应商、客户等利益相关方合作，共同推进产业链上下游的碳排放信息公开。这有助于整个产业链的碳排放控制和管理，同时也有助于提高企业在产业链中的竞争力和形象。

三是企业应该积极践行碳排放减少承诺。企业应该承担积极践行碳排放减少承诺的职责。企业作为社会责任的主体，应该积极履行环保责任，通过减少自身的碳排放量，为整个社会的碳排放控制和管理做出积极贡献。企业也可以通过开展碳排放交易、参与碳排放减排项目等方式，积极践行碳排放减少承诺。这不仅有助于企业降低成本、提高效益，还有助于提高企业的社会形象和品牌价值。

总而言之，企业在碳排放信息透明方面承担着关键职责，其作用不仅仅是履行社会责任和义务，同时也是一种商业机会和竞争优势。通过公开自身的碳排放信息，企业可以提高自身的透明度和可信度，增强自身的社会责任形象和品牌价值。通过推动产业链上下游的碳排放信息公开，企业可以加强与供应商、客户等利益相关方的合作，形成互利共赢的合作伙伴关系，提高自身在产业链中的竞争力。通过积极践行碳排放减少承诺，企业可以降低自身的成本、提高效益，同时还可以提高自身的环保形象和品牌价值。

第二章 碳达峰行动的相关理论回顾

高成长企业的突出特点表现为三大增长：新增长、高增长、优增长。碳经济领域的高成长企业综合、鲜明地反映了这三种成长方式，即代表着新兴的发展方向、可持续的增长方式以及更快的成长潜力。如何有效全面地理解这些成长特征，必须从碳经济的内容范畴、动力和制度性安排等环节深化理解。本章从理实结合、突出方法创新的视角，对碳经济相关理论和文献研究进行梳理。

第一节 碳足迹理论

一 碳足迹定义

碳足迹是与个人或其他实体的所有活动相关的二氧化碳（CO_2）排放量。碳足迹概念与生态足迹概念有关。加拿大生态学家威廉·里斯（William Rees）和区域规划学家马西斯·瓦克纳格尔（Mathis Wackernagel）共同提出了生态足迹概念，将其界定为维持活动或人口所需的土地总面积，其中包括环境影响。相比之下，碳足迹则体现在重量量度，表征为年度二氧化碳吨数或二氧化碳当量。依据目标对象、过程、类别等范围界定的不同，碳足迹可以表示个人或活动所释放的碳重量（Hammond，2007），产品或服务系统全生命周期 CO_2 排放量或活动过程中所直接和间接排放的 CO_2 总量（Wiedmann 和 Minx，2007），以及温室气体转化的 CO_2 等价物的碳排放量（ETAP，2007）。综合来看，碳足迹表征度量各类主体或部门直接或间接导致的各类温室气体排放总量，通常以 CO_2 作为等价物当量。

二 碳足迹核算方法

碳足迹不同于一个国家所报告的人均排放量（例如，根据《联合国气候变化框架公约》报告的人均排放量）。碳足迹不是完全与生产相关的温室气体排放，而是与消费相关的温室气体排放。进口到一国但在其他地方生产的货物产生的排放量，考虑到了国际运输和航运有关的排放量，但在国家标准清单中不涉及这些排放量。由此，碳足迹是以消费视角衡量碳排放，即使特定国家/区域的碳排放量减少，其碳足迹也可能会增加。发达国家人均碳足迹往往较高，发展中国家则较低。交通和家庭能源使用是构成个人碳足迹的"首要"部分，代表着个人直接控制的排放，还要考虑"二次"碳足迹，代表着与商品和服务消费相关的碳排放。二次碳足迹包括粮食生产的碳排放量，较高能量和比例的肉类生产的碳排放量，以及与长途运输有关的碳排放量等。例如，可口可乐罐的碳足迹包括瓶子本身制造过程中排放的二氧化碳或二氧化碳当量加上瓶子运输给消费者期间的排放量。

衡量不同主体（个人、企业和其他组织）的碳足迹有多种工具。常用方法包括世界资源研究所和世界可持续发展工商理事会的温室气体议定书（Greenhouse Gas Protocol），以及国际标准化组织制定的专门处理温室气体排放的标准。美国环境保护署、大自然保护协会和英国石油公司等国家或国际组织在其主页上为碳足迹提供计算器，可以用于比较碳足迹的国家和世界平均水平。常用的碳足迹核算体系是生命周期法（LCA），可以细分为过程生命周期评价（PLCA）、投入产出生命周期评价（IOLCA）、混合生命周期评价（HLCA）等。

生命周期法（LCA法）是一种"自下而上"的碳足迹核算方法，是对产品、服务或者活动整个生命周期内对环境产生的影响的评估（ISO，2006）。该方法包括目的和范围的定义、清单分析、影响评价和结果解释。LCA法有着详细的计算过程，对碳的流动性分析十分细致，适于微观层面的碳足迹核算（Schmidt，2009）。基于过程分析，LCA法会存在边界问题，系统的完整性较弱（Lenzen，2001）。引入投入产出法，或过程与投入产出法相结合，则形成更为完整系统化的投入产出生命周期评价（IOLCA）和混合生命周期评价（HLCA）。

投入产出法是一种"自上而下"的碳足迹核算方法。Hertwich 等（2009）较早利用投入产出法对国别碳足迹进行量化估计。Matthews 等（2008）将生命周期法和投入产出法相结合，用以评估部门、组织、家庭的碳足迹。投入产出法量化评估的精确性依赖于投入产出表数据的可获性、细化度以及更新性，用于微观层面的碳足迹量化研究仍是有局限的。Suh 等（2005）和 Lenzen 等（2009）结合了 LCA 法和 IO 法的优点，提出三类模型：分层混合、基于投入产出的混合和集成混合，以满足截断误差修正以及中微观生命周期阶段分析。尽管混合模型方法优势明显，但无论数据量还是建模要求都更高，实践中应用很少。

三 碳足迹认证标准与减量措施

碳足迹核算越来越广泛地应用于各国各类主体的减排依据和标准。依据评估对象差异，碳足迹核算可以分为三个层级，并形成全球或地区范围公认标准。一是国家、部门或者地域层级，通用标准包括《IPCC 国家温室气体清单指南》（IPCC，2006）以及中国省级《温室气体清单指南》；二是企业、组织层级，通用标准包括《温室气体核算体系：企业核算与报告标准》（WRI，2004）以及《ISO14064 标准系列》（ISO，2006）；三是产品层级，通用标准包括《PAS2050：2008 产品与服务生命周期温室气体排放的评价规范》（BSI，2008）、《产品生命周期核算与报告标准》（WRI，2011）以及《ISO14067 产品碳足迹量化与交流的要求与指导技术规范》（ISO，2012）。

不同标准适用于不同层级的碳足迹核算，具有不同的应用领域。在国家层面，Claudia 等（2019）分别使用 IPCC2006 和 IPCC2019 对热带亚热带牧场氨排放量进行测量以及结果对比。企业层面，Kuldip 等（2017）使用 ISO14064 标准对印度大学的碳足迹进行测量。产品层面，Carly 等（2011）利用 PAS2050 标准比较评价小麦籽粒和麦秸中生产生物乙醇的碳排放。可口可乐、百事可乐、法国达能公司等诸多企业均采用 PAS2050 执行标准对产品碳足迹进行评估核算。

个人和公司可以采取积极措施来减少他们的碳足迹，从而为全球减缓气候变化做出贡献。文献研究聚焦在两大方面。一是通过碳补偿购买（广义范围上是碳减排活动或技术的投资），补偿部分或全部碳足迹。补偿机制以及市场化制度安排成为经济学和生态学学科研究的重点。二是通过能源效率、生活方式和购买习惯改变，减少碳足迹。能源技术创新、产品替代、绿色行为普遍涵盖在经济学、管理学、社会学、工程学等多个学科的研究范畴，重点和难点涉及内生机制以及激发效率问题。

第二节 碳市场理论

以经济高效的方式提高碳减排效率，碳市场成为应对全球气候变化的重要政策手段，碳排放权交易以及市场理论的研究逐渐兴起。张希良等人（2021）的研究表明我国清洁发展机制和温室气体自愿减排等市场化体系建设为建立全国碳排放交易市场打下了基础。Ellerman（2005）认为碳市场配额方式更能得到企业的青睐。Stavins 等人（2008）的研究论证了碳市场有助于匹配环境消费和成本效益，可以有效提高碳减排效率，成为应对气候变化最重要的政策工具。

与污染物排放问题相似，碳排放以及通过市场或非市场机制限制碳排放的理论基础可以溯源于公地悲剧以及外部性理论和产权理论。

一 外部性理论

外部性是指一个经济主体影响了另一个经济主体的效用，而这种影响没有通过市场得以实现。马歇尔（Marshall，2009）在《经济学原理》中最早提出"外部经济"理论，为外部性理论奠定了基础。庇古（Pigou，1920）在《福利经济学》中把"外部经济"概念进一步拓展到"外部不经济"，将外部性问题的研究从外部因素对企业的影响效果转向企业或居民对其他企业或居民的影响效果，并提出了当存在正外部性时给以补贴、当存在负外部性时予以征收"庇古税"理论。

外部性涵盖外部经济和外部不经济。碳排放是关于外部不经济的问题。温室气体的过度排放将导致地球气候变化加剧以及极端气候增加（Nasa，2010），进而对人类的生产生活造成不利影响。诸多学者、组织和政府尝试运用"庇古税方案",即通过碳排放征税和生态补贴方式内生化温室效应。利用"庇古税方案"以及评估经济、环境效应成为学术研究的重点难点。从中国的情况来看,众多学者利用3E系统或投入产出建模,量化估计碳税实施的可能性,但基本认同碳税实施影响经济增速,也未在中国得以实施。

二 产权理论

产权明确是碳市场机制的理论基础。科斯(Coase,1960)在《社会成本问题》中认为产权在得到明确界定的情况下,外部性问题的解决同样可以采取协商和交易的市场手段,庇古税只是特例。现代产权经济学主要就是运用科斯定理等新制度经济学理论,来研究如何在现代市场经济条件下对产权进行界定,并对其交易进行规范研究。

随着工业革命带来的气候变化加剧以及排污权交易政策的提出,人们逐渐意识到环境容量也是一种日益稀缺的资源(克尼斯等,1991)。"排污权交易"利用市场的价格机制对排污权价值进行衡量,促使产权明晰的经济行为主体开展排污权市场交易,可以有效解决外部性问题。由于产权明晰,可以实现"交易费用"为零或者很少的假设。排污权市场确立了市场机制下供需出清,内生化外部成本的市场价值(Baumol & Oates,1971;Montgomery,1972)。碳排放权是排污权或生态产权的一种形式,碳交易市场是在产权理论下为解决碳排放的外部性问题而对碳排放交易权进行产权界定的实践。从国内外文献研究进展来看,碳排放权市场交易研究集中在四种交易机制、配额调整与优化、地方与区域市场关联等问题。从国内外区域碳市场建设进展来看,欧洲市场进程远快于中国市场,并被众多学者作为中国市场建设的借鉴样本。

第三节 低碳技术应用理论

一 低碳技术定义和分类

英国在2003年《能源白皮书》中广泛提及低碳技术概念。文献对低碳技术的界定范围也在不断扩容。国际能源机构(2008)将17

项对环境利好的技术命名为低碳技术，并将低碳技术分为太阳能、生物能源等 9 类。中国国家自然资源部（2010）将低碳技术界定为"涉及电力、交通、建筑、冶金、化工、石化等部门以及在可再生能源及新能源、煤的清洁高效利用、油气资源和煤层气的勘探开发、二氧化碳捕获与埋存等领域开发的有效控制温室气体排放的新技术"。谢和平（2010）指出为适应低碳经济发展需要，减少温室气体排放，防止气候变暖而采取的一切减碳或者无碳的技术手段，均可被视为低碳技术。综合各类低碳技术的定义，可以将低碳技术广义地理解为所有能降低人类活动碳排放的技术。

低碳技术涉及的面很广，关于低碳技术的分类，近期诸多研究更多地将低碳技术分类为：减碳技术、无碳技术以及负碳技术。减碳技术主要是高能耗、高排放领域的节能技术，无碳技术主要是核能、太阳能、风能、生物质能等可再生能源技术，而去碳技术或负碳技术主要是二氧化碳的捕获、埋存和利用技术，或 CCUS。谢和平（2010）将三类技术对应为如下三个方面：

a. 源头控制的"无碳技术"，开发无碳排放的清洁能源技术。

b. 过程控制的"减碳技术"，在生产消费使用过程中的低碳技术。

c. 末端控制的"去碳技术"，捕获、封存和积极利用排放的碳元素，以开发降低大气中碳含量为根本特征的二氧化碳控制技术。

二 低碳技术应用

低碳技术应用以及理论基础主要源于技术经济理论，这一理论关注技术经济性、安全性和环境减负效应。源头控制的"无碳技术"是从源头对碳排放进行控制，如 Guerra 等（2023）对氢能低碳发电实现电力系统减负的研究等，开发利用核能、太阳能、风能等清洁能源达到无碳生产的效果。过程控制的"减碳技术"通过优化生产过程实现温室气体的低排放，如应用优化的燃烧策略和零碳燃料技术实现碳减排的研究（Tang 等，2022；Wang 等，2022）等，将高排放、高耗能的技术优化改良，降低温室气体的排放。末端控制的"去碳技术"是对生产产生的碳排放进行末端捕获、封存或者利用的技术。如

Riet 等对合格连接油田套管和油管（OCTG）接头可以实现碳捕获和地下储存（Riet，2023）等的研究表明配置了 CCS 系统后燃气炉 CO_2 的排量降低 0.726 kg/kW·h（Zhang 等，2022）。有关低碳技术的应用研究，不仅体现在不同地区"双碳"路径的技术选择，也体现在企业去碳化技术的选择与优化。无论是无碳、减碳技术抑或是去碳技术，均在中国提出的"双碳"战略目标下得到了充分、全面的创新应用和研究分析，难点重点聚焦在重点部门、重点企业和经济系统性低碳转型的技术可行性研究方面。

第三章 碳达峰行动的政策梳理

从世界范围看，有许多国家已经承诺甚至制定碳达峰碳中和相关政策。从政策实践看，不论是对高成长企业的发展，还是对高成长企业的碳达峰，都有着许多支持政策。可以说，高成长企业碳达峰行动是国家、企业、社会广泛关注的重要话题。

第一节 主要国家和地区碳中和目标

《博鳌亚洲论坛可持续发展的亚洲与世界2022年度报告——绿色转型亚洲在行动》显示，截至2021年底，全球已有136个国家、115个地区、235个主要城市和2000家顶尖企业中的682家制定了碳中和目标，这覆盖了全球88%的温室气体排放、90%的世界经济体量和85%的世界人口。

亚洲各国和地区都先后宣布了碳中和目标，2022年博鳌亚洲论坛倡议采取九大行动实现亚洲绿色转型。具体包括：一是建立绿色增长模式，重建更好未来。亚洲各国和地区政府迫切需要采取新的经济增长模式，即环境可持续和社会包容的模式，并且需要扩大减缓气候变化的公共资金规模，扩大绿色投资，将疫后经济复苏与加速气候行动相结合。二是制定更具雄心的2030年国家自主贡献目标，并对实现自主贡献目标有明确的时间表和路线图。三是健全绿色治理体系。包括机构设置、计划与政策以及市场基础设施等方面，建立全方位绿色治理体系；建立良好的激励机制；强化沟通，提升政策透明度，帮助整个社会更好地理解碳中和路径；参与气候信息披露、绿色金融分类等全球标准制定，为私营部门对绿色产业进行投资创造良好环境。

四是逐步减少煤炭使用。为加快碳中和进程，减少未来资产搁浅风险，亚洲国家需要逐步淘汰燃煤电厂，但要在减排与能源安全、供应链安全、食品安全和保证人们正常生活之间取得平衡。五是扩大可再生能源规模和实现交通电气化。通过太阳能电池板、风能和风力涡轮机的生产，以及交通部门的电气化，为经济发展提供重要机会，并推动亚洲成为全球最大的电动汽车生产地和市场。六是形成碳定价。鼓励亚洲国家和地区使用碳税和碳价格等显性碳定价，内化污染活动的外部成本。碳定价还应与一揽子政策措施相匹配，解决由此产生的分配和社会影响问题。亚洲经济体还需要为欧盟和其他先进经济体设立跨境碳税做好准备。七是发展绿色金融。亚洲各国和地区需采取有力政策，进一步促进绿色信贷和绿色债券市场的发展。八是加大气候融资和绿色技术转移。亚洲区域内可以考虑建立相应的区域性安排，来支持尚未商业化的绿色技术试验以及未来推广。九是加入国际气候变化倡议和平台。鼓励亚洲企业参与那些分享实践经验和讨论不同国家关切的国际平台和倡议。①

表 3-1　　　　　　　　主要国家和地区碳中和目标

国家	目标日期	承诺性质	内容
中国	2060 年	政策宣示	中国在 2020 年 9 月 22 日向联合国大会宣布，努力在 2060 年实现碳中和，并采取"更有力的政策和措施"，在 2030 年之前达到排放峰值
奥地利	2040 年	政策宣示	奥地利联合政府在 2020 年 1 月宣誓就职，承诺在 2040 年实现气候中立，在 2030 年实现 100% 清洁电力，并以约束性碳排放目标为基础。右翼人民党与绿党合作，同意了这些目标
不丹	目前为碳负，并在发展过程中实现碳中和	《巴黎协定》下自主减排方案	不丹人口不到 100 万，收入低，周围有森林和水电资源，平衡碳账户比大多数国家容易。但经济增长和对汽车需求的不断增长，正给排放增加压力

---

① 《博鳌亚洲论坛倡议采取九大行动实现亚洲绿色转型》，新华社，2022 年 4 月 20 日，详见 http://www.gov.cn/xinwen/2022-04/20/content_ 5686324.htm。

续表

国家	目标日期	承诺性质	内容
美国加利福尼亚	2045 年	行政命令	加利福尼亚的经济体量是世界第五大经济体。前州长杰里·布朗在 2018 年 9 月签署了碳中和令,该州几乎同时通过了一项法律,在 2045 年前实现电力 100% 可再生,但其他行业的绿色环保政策还不够成熟
加拿大	2050 年	政策宣示	特鲁多总理于 2019 年 10 月连任,其政纲是以气候行动为中心的,承诺净零排放目标,并制定具有法律约束力的五年一次的碳预算
智利	2050 年	政策宣示	皮涅拉总统于 2019 年 6 月宣布,智利努力实现碳中和。2020 年 4 月,政府向联合国提交了一份强化的中期承诺,重申了其长期目标。已经确定在 2024 年前关闭 28 座燃煤电厂中的 8 座,并在 2040 年前逐步淘汰煤电
哥斯达黎加	2050 年	提交联合国	2019 年 2 月,总统奎萨达制定了一揽子气候政策,12 月向联合国提交的计划中确定 2050 年净排放量为零
丹麦	2050 年	法律规定	丹麦政府在 2018 年制订了到 2050 年建立"气候中性社会"的计划,该方案包括从 2030 年起禁止销售新的汽油和柴油汽车,并支持电动汽车。气候变化是 2019 年 6 月议会选举的一大主题,获胜的"红色集团"政党在 6 个月后通过的立法中规定了更严格的排放目标
欧盟	2050 年	提交联合国	根据 2019 年 12 月公布的"绿色协议",欧盟委员会正在努力实现整个欧盟 2050 年净零排放目标,该长期战略于 2020 年 3 月提交联合国
斐济	2050 年	提交联合国	作为 2017 年联合国气候峰会 COP23 的主席国,斐济为展现领导力做出了额外努力。2018 年,这个太平洋岛国向联合国提交了一份计划,目标是在所有经济部门实现净碳零排放
芬兰	2035 年	执政党联盟协议	作为组建政府谈判的一部分,五个政党于 2019 年 6 月同意加强该国的气候法。预计这一目标将要求限制工业伐木,并逐步停止燃烧泥炭发电
法国	2050 年	法律规定	法国国民议会于 2019 年 6 月 27 日投票将净零目标纳入法律。在 2021 年 6 月份的报告中,新成立的气候高级委员会建议法国必须将减排速度提高三倍,以实现"碳中和"目标

续表

国家	目标日期	承诺性质	内容
德国	2050年	法律规定	德国第一部主要气候法于2019年12月生效,这项法律的导语说,德国将在2050年前"追求"温室气体中立
匈牙利	2050年	法律规定	匈牙利在2020年6月通过的气候法中承诺到2050年气候中和
冰岛	2040年	政策宣示	冰岛已经从地热和水力发电获得了几乎无碳的电力和供暖,2018年公布的战略重点是逐步淘汰运输业的化石燃料、植树和恢复湿地
爱尔兰	2050年	执政党联盟协议	在2020年6月敲定的一项联合协议中,三个政党同意在法律上设定2050年的净零排放目标,在未来十年内每年减排7%
日本	"本世纪后半叶尽早的时间"	政策宣示	日本政府于2019年6月在主办20国集团领导人峰会之前批准了一项气候战略,主要研究碳的捕获、利用和储存,以及作为清洁燃料来源的氢的开发。值得注意的是,逐步淘汰煤炭的计划尚未出台,预计到2030年,煤炭仍将供应全国四分之一的电力
马绍尔群岛	2050年	提交联合国的自主减排承诺	在2018年9月提交给联合国的最新报告中提出了到2050年实现净零排放的愿望,尽管没有具体的政策来实现这一目标
新西兰	2050年	法律规定	新西兰最大的排放源是农业。2019年11月通过的一项法律为除生物甲烷(主要来自绵羊和牛)以外的所有温室气体设定了净零目标,到2050年,生物甲烷将在2017年的基础上减少24%—47%
挪威	2050年/2030年	政策宣示	挪威议会是世界上最早讨论气候中和问题的议会之一,努力在2030年通过国际抵消实现碳中和,2050年在国内实现碳中和。但这个承诺只是政策意向,而不是一个有约束力的气候法
葡萄牙	2050年	政策宣示	葡萄牙于2018年12月发布了一份实现净零排放的路线图,概述了能源、运输、废弃物、农业和森林的战略。葡萄牙是呼吁欧盟通过2050年净零排放目标的成员国之一
新加坡	"在本世纪后半叶尽早实现"	提交联合国	与日本一样,新加坡也避免承诺明确的脱碳日期,但将其作为2020年3月提交联合国的长期战略的最终目标。到2040年,内燃机车将逐步淘汰,取而代之的是电动汽车

续表

国家	目标日期	承诺性质	内容
斯洛伐克	2050年	提交联合国	斯洛伐克是第一批正式向联合国提交长期战略的欧盟成员国之一，目标是在2050年实现"气候中和"
南非	2050年	政策宣示	南非政府于2020年9月公布了低排放发展战略（LEDS），概述了到2050年成为净零经济体的目标
韩国	2050年	政策宣示	韩国执政的民主党在2020年4月的选举中以压倒性优势重新执政。选民们支持其"绿色新政"，即在2050年前使经济脱碳，并结束煤炭融资。这是东亚地区第一个此类承诺，对全球第七大二氧化碳排放国来说也是一件大事。韩国约40%的电力来自煤炭，一直是海外煤电厂的主要融资国
西班牙	2050年	法律草案	西班牙政府于2020年5月向议会提交了气候框架法案草案，设立了一个委员会来监督进展情况，并立即禁止新的煤炭、石油和天然气勘探许可证
瑞典	2045年	法律规定	瑞典于2017年制定了净零排放目标，根据《巴黎协定》，将碳中和的时间表提前了五年。至少85%的减排要通过国内政策来实现，其余由国际减排来弥补
瑞士	2050年	政策宣示	瑞士联邦委员会于2019年8月28日宣布，打算在2050年前实现碳净零排放，深化了《巴黎协定》规定的减排70%—85%的目标。议会正在修订其气候立法，包括开发技术来去除空气中的二氧化碳（瑞士这个领域最先进的试点项目之一）
英国	2050年	法律规定	英国在2008年已经通过了一项减排框架法，因此设定净零排放目标很简单，只需将80%改为100%。议会于2019年6月27日通过了修正案。苏格兰的议会正在制定一项法案，在2045年实现净零排放，这是基于苏格兰强大的可再生能源资源和在枯竭的北海油田储存二氧化碳的能力
乌拉圭	2030年	《巴黎协定》下的自主减排承诺	根据乌拉圭提交联合国公约的国家报告，加上减少牛肉养殖、废弃物和能源排放的政策，预计到2030年，该国将成为净碳汇国

第二节　主要发达国家推进碳达峰碳中和的经验

综观国际发展历史，目前，全世界已经有几十个国家的碳排放量达到了最高峰值，这些国家中绝大部分是经济发达国家，也有少部分是发展中国家。许多国家的碳达峰碳中和之路历尽坎坷，但最终达成了目标，尽管发展阶段与具体国情不同，但发达国家碳达峰的现实经历及碳中和的政策走向，对我国碳达峰碳中和具有重要的意义。①

一　大力推进能源结构调整，强化"双碳"源头治理

人类生产生活必然涉及能源消耗，调整能源结构，减少非再生能源消耗，提高清洁能源比例成为推动"双碳"目标必不可少的环节，也是实现"双碳"目标的根本之策。发达国家在调整能源结构、减少碳排放方面做出了积极的努力，在减污降碳方面做出了卓有成效的尝试。欧盟、美、日等发达国家在新近几十年中，高度重视以能源结构调整改善生产生活方式，并且多数国家以发展氢能等清洁能源为战略导向。德国大力改善管道能源类型，提高可再生能源的比例，对燃料进行脱碳，通过发展电解水制氢技术大规模替代不可再生能源。欧盟出台《欧盟氢能战略》与《能源系统一体化战略》等举措，对能源系统进行深度脱碳变革，最大限度地提升可再生能源比例。2002年美国能源部发布了《国家氢能路线图》，构建了氢能发展的长期路线，并启动大批科研项目研发生产氢能，经过能源结构积极调整，美国可再生能源比例显著提高，2019年美国水力发电、太阳能、风能等可再生能源比例首次超过了煤炭，实现了130多年来的历史性飞跃，可再生能源成为第三大能源，美国能源消费结构得到了前所未有的优化。日本同样发展氢能以提升本国能源安全水平，并将氢能产业快速运用于工业生产、车用及家用领域。因而，我国也应立足资源能源结构实际，因地制宜，统筹规划，合理布局能源战略，适当借鉴各

---

① 林振义、董小君:《黄河流域高质量发展及大治理研究报告（2022）——黄河流域碳达峰》，社会科学文献出版社2022年版，第36—39页。

国能源结构调整方向，发展氢能及其他可替代清洁能源，调整能源结构以促进生产方式低碳化。

二 积极推动环境保护立法，为"双碳"提供法律制度保障

环境规制是改善环境的刚性约束，发达国家重视从立法层面保护环境、改善气候，为促进"双碳"目标完成提供了法治保障。英国早在1972年就出台了《有毒废物处置法》，1990年出台《环境保护法》，2001年出台《污染预防法》，2008年出台《气候变化法案》以及2009年成立了气候债券倡议组织。德国制定了《气候保护规划2050》《德国联邦气候保护法》等一整套有关减排的政策和行动计划。欧盟是致力于改善气候变化的重点地区，遵循《京都协议书》确定碳排放总量实行配额制度，根据各成员国实际情况，配给碳排放量额度，实施总量管制与碳市场交易制度，总量管制由法律强制规定碳排放总量不超过标准。不过，各地区和企业之间可以采用市场行为购买碳排放指标，调剂碳排放量指标，由此欧盟实施了《欧盟排放交易指令》《欧盟气候变化计划》等一系列法令为碳交易市场提供法律保障。2020年数据显示，欧盟碳交易市场量已经达到全球总量的75%。与此同时，欧盟委员会2021年出台《欧盟行动计划：实现空气、水和土壤零污染》，并实施"零污染行动计划"，致力于到2050年将空气、水和土壤污染降低到对人类健康和自然生态环境不再有害的水平。可见，发达国家在推动"双碳"目标过程中，环境立法为改善环境、实现减排降碳提供了坚强保障。

三 推进绿色生活方式，改善居民生活减排

随着人类文明进步，绿色低碳生活方式理念深入人心，同时，科技进步也为人类生活方式改善提供了技术条件。发达国家政府纷纷出台了各项限制生活碳排放的规定，倒逼生活方式改变。德国政府致力于通过替代燃料实现低碳出行，还制定了关于燃油车的碳排放税政策，从2021年起政府就开始投入大量资金制造电动公交车，预计到2030年实现德国铁路网的电气化和智能化；在建筑节能减排方面，德国政府对存量房进行研究并对公共非住宅建筑进行节能改造，制定建筑改造以实现碳中和的路线图，目标是到2022年底至少达到节能的40%标准，要求建筑翻新材料选用保温性能更好的材料以降低房屋的热量需求，设定技术标准减少燃油供暖和燃气供暖比重，鼓励增加可再生能源供热的比例。法国政府于2019年12月颁布了《交通未来导向法》，明确在2040年停止出售使用汽油、柴油和天然气等化石燃料的车辆。英国政府提高常规交通工具的燃放效率，支持低碳交通工具和清洁燃料发展，鼓励市民、旅行者选择低碳出行方式，对航空、海运实施碳排放限度管理等。

四　加强政策激励力度，大力发展低碳技术应用普及

低碳技术研发和应用对于能源结构调整和生活方式低碳化改善至关重要。各国积极采取激励政策，推动低碳技术普及应用。日本政府为了振兴本国低碳产业发展，制定了促进绿色低碳转型和扩大低碳产业就业的综合性政策举措，早在2010年日本政府就推出"低碳型创造就业产业补助金"，并一再扩大补助范围和力度，推动了包括电动车用锂离子电池、LED芯片、太阳能电池制造等日本具有明显市场优势的战略性新兴产业的发展，提高了国际市场占有率。与此同时，2020年日本经济产业省提出通过补贴和税收优惠等激励措施，动员超240万亿日元的私营领域绿色投资，力争到2030年实现90万亿日元的年度额外经济增长。英国政府通过加大可再生能源的支持力度、新核电站的建设、碳捕获和封存方面的建设、智能电网的建设等减少碳排放。欧盟则将碳捕获与封存技术（CSS）项目纳入碳市场配额补贴范围之内。美国通过直接立法将CSS技术纳入碳市场的衔接规则，让其项目运营商直接参加碳市场交易获益。由此可见，各国政府通过投入大量资金支持低碳技术与研发碳捕捉技术，以加强政策激励，鼓励低碳技术创新，充分发挥科技在碳排放治理中的作用，以更高效的方式为绿色降碳提供政策支撑。

第三节　中国碳达峰行动的扶持政策

对于碳达峰行动，政府有诸多扶持政策，包括政府专项扶持与财政补贴、建立碳排放权交易市场、推行低碳城市试点、引导企业碳信息披露、发展碳金融衍生品等。

一 政府专项扶持与财政补贴

一是低碳产业发展扶持。中国大力支持低碳产业发展，在国家层面、地区层面出台并实施了一系列法规和扶持政策。首先是不断完善相关法律体系；其次是制定能源中长期发展规划；最后是支持绿色建筑、智能交通等低碳产业发展，推进传统高碳行业的转型升级。

二是低碳技术研发补贴。政府补贴能够有效激发企业在节能、减排、低碳等方面的研发投入和技术创新积极性。一方面，支持企业节能改造、淘汰落后产能；另一方面，支持绿色工厂、绿色建筑、低碳港口等方面的技术创新。

三是低碳消费补贴。为推广低碳理念，国家和各地区实施新能源汽车补贴、绿色建筑补贴、企业节能减排补贴等政策。

表3-2　关于碳达峰政府专项扶持与财政补贴的政策

年份	政策	政策主要内容	环节
1997	"十五"规划	提出节约资源、提高资源利用效率、积极发展新能源和可再生能源	低碳技术研发补贴
2004	《节能中长期专项规划》	对一些重大节能工程项目和重大节能技术开发、示范项目给予投资和资金补助或贷款贴息支持	低碳技术研发补贴
2005	《能源中长期发展规划纲要（2004—2020）（草案）》	调整和优化产业结构，推动技术、体制和管理创新	低碳技术研发补贴
2005	"十一五"规划	制定了单位GDP能耗降低20%的战略目标	低碳技术研发补贴
2006	《中华人民共和国可再生能源法》	促进可再生能源的开发利用、增加能源供应、改善能源结构、保障能源安全、保护环境，实现经济社会的可持续发展	低碳产业发展扶持
2009	《中华人民共和国可再生能源法修正案》	对各类可再生能源的开发利用作出统筹规划，并确立全额保障性收购制度，建立可再生能源发展基金	低碳产业发展扶持

续表

年份	政策	政策主要内容	环节
2010	《国务院关于进一步加强淘汰落后产能工作的通知》	加强财政资金引导作用，支持企业淘汰落后产能	低碳技术研发补贴
2010	《"节能产品惠民工程"节能汽车（1.6升及以下乘用车）推广实施细则》	若消费者购买目录内的车型将获得3000元的消费补贴	低碳消费补贴
2011	"十二五"规划	制定了单位GDP能耗降低18.4%，单位GDP二氧化碳排放降低17%的目标	低碳技术研发补贴
2011	《淘汰落后产能中央财政奖励资金管理办法》	加强财政资金引导作用，支持企业淘汰落后产能	低碳技术研发补贴
2011	《"十二五"节能减排综合性工作方案》	明确企业的节能减排主体责任，引导专业化节能服务公司采用合同能源管理方式为用能单位实施节能改造	低碳技术研发补贴
2012	《关于加快推动中国绿色建筑发展的实施意见》	规定了绿色建筑、节能建筑的奖励标准	低碳消费补贴
2012	《节能减排"十二五"规划》	提出多渠道引导企业、社会资金积极投入节能减排	低碳技术研发补贴
2013	《加快推进绿色循环低碳交通运输发展指导意见》	从基础设施建设、节能环保运输装备应用等方面统筹安排和部署交通行业绿色循环低碳发展，要求将节约能源贯彻到全过程管理中	低碳消费补贴
2013	《低碳产品认证管理暂行办法》	引导低碳生产和消费，规范和管理低碳产品认证活动	低碳消费补贴
2014	《2014—2015年节能减排低碳发展行动方案》	提出的重点行动方向里，包含加快建设节能减排降碳工程、狠抓重点领域节能降碳、强化技术支撑等，要求各级政府加大对节能减排的资金支持力度	低碳消费补贴
2014	《国家重点推广的低碳技术目录》第一批	为有关企业和机构开展低碳技术推广和产业化、发展低碳产业确立方向和坐标，并为下一步制定财政、税收等优惠政策提供依据	低碳技术研发补贴
2015	《节能低碳产品认证管理办法》	低碳产品认证属于自愿性认证工作，在国内仍处于早期推广阶段	低碳消费补贴
2015	《中国制造2025》	创建绿色工厂是企业可持续发展的必然路径	低碳技术研发补贴

续表

年份	政策	政策主要内容	环节
2015	《国家重点推广的低碳技术目录》第二批	在第一批目录的基础上补充完善，加快低碳技术的推广应用	低碳技术研发补贴
2016	"十三五"规划	制定了单位GDP能耗降低15%，单位GDP二氧化碳排放降低18%的目标	低碳技术研发补贴
2016	《关于煤炭行业化解过剩产能实现脱困发展的意见》	设立工业企业结构调整专项奖补资金，探索煤炭产业转型升级的路径	低碳消费补贴
2017	《"十三五"节能减排综合工作方案》	到2020年，全国万元GDP能耗比2015年下降15%，福建、安徽、河北、云南、广东、重庆等地均超额完成能耗下降的目标	低碳技术研发补贴
2017	《国家重点节能低碳技术推广目录》	在两批《国家重点推广的低碳技术目录》的基础上继续组织编制，扩大推广低碳技术的范围	低碳技术研发补贴
2018	《深圳市绿色低碳港口建设补贴资金管理暂行办法实施细则》	广东大力促进绿色低碳港口建设工作	低碳技术研发补贴
2020	《关于进一步完善新能源汽车推广应用财政补贴政策的通知》	明确补贴范围和补贴标准	低碳消费补贴
2021	"十四五"规划	制定了单位GDP能耗降低13.5%，单位GDP二氧化碳排放降低18%的目标	低碳技术研发补贴

二 建立碳排放权交易市场

一是碳排放权交易试点。碳排放权交易是利用市场化机制控制温室气体排放、推动绿色低碳发展的一项重大制度创新，具有社会减排成本低、企业减排自主性强等优势。截至2021年5月，8个碳排放权交易试点地区累计成交量为23167.23万吨，成交额为573535.78万元，为控制温室气体排放、推进碳达峰工作积累了丰富的经验。

二是跨区域碳排放权交易市场。开展碳交易的试点交易仅局限在城市内部，作为市场主体的不同产业间、产业内不同企业间差异性小，容易造成企业间供需极不平衡，无法形成活跃交易的市场状态，因此需要建立跨区域碳排放权交易市场。跨区域碳排放权交易市场需要统筹兼顾各地区的行业和企业特点，以及科学系统的配额分配机制，从而为建立全国统一的碳排放权交易市场积累经验。

三是全国碳排放权交易市场。为建立全国碳排放权交易市场，做过许多探索性尝试，借鉴各碳排放权交易试点相对成熟的实践经验，优先纳入各试点已经覆盖的行业，确立统一的市场配额分配方式，加快推动试点碳市场向全国碳市场转变，建立全国统一的碳排放权交易市场。

表3-3　　　　　　　　关于建立碳排放权交易市场的政策

年份	政策	政策内容	政策方向
2011	首批碳排放权交易试点地区	北京、上海、天津、重庆、深圳、广东和湖北	碳排放权交易试点
2013	《关于开展跨区域碳排放权交易合作研究的框架协议》	北京、天津、河北、山西、内蒙古、山东六地	跨区域碳排放权交易市场
2013	首批碳排放权交易试点地区陆续开始交易	北京、上海等七地碳排放权交易试点先后启动交易	碳排放权交易试点
2014	《碳排放权交易管理暂行办法》	北京和河北试点碳排放权交易市场，鼓励林业碳汇项目碳减排量参与市场交易	跨区域碳排放权交易市场
2016	《关于合作开展京蒙跨区域碳排放权交易有关事项的通知》	北京与内蒙古呼和浩特、鄂尔多斯联合开展跨区域碳排放权交易	跨区域碳排放权交易市场
2016	《关于切实做好全国碳排放权交易市场启动重点工作的通知》	提出全国碳排放权交易市场的第一阶段将涵盖石化、化工、建材、钢铁、有色、造纸、电力、航空等重点排放行业	全国碳排放权交易市场
2016	《福建省碳排放权交易管理暂行办法》	福建碳市场建成并启动交易，成为国内第八个试点区域碳市场	碳排放权交易试点
2017	《全国碳排放权交易市场建设方案（发电行业）》	以发电行业为突破口，形成全国碳排放权交易市场的总体设计	全国碳排放权交易市场
2020	《2019—2020年全国碳排放权交易配额总量设定与分配实施方案（发电行业）》	以发电行业为突破口，形成全国碳排放权交易市场的总体设计	全国碳排放权交易市场

续表

年份	政策	政策内容	政策方向
2021	《碳排放权交易管理办法（试行）》《碳排放权登记、交易、结算管理规则（试行）》	加快推进全国碳排放权交易市场制度建设，并采用行业基准线法向2225家企业免费发放碳排放配额，全国碳排放权交易市场开市一个月内累计成交配额702万吨，累计成交额达3.55亿元	全国碳排放权交易市场
2021	全国碳排放权交易市场启动上线交易	全国碳市场第一个履约周期纳入发电行业重点排放单位2000余家，年覆盖约45亿吨二氧化碳排放量	全国碳排放权交易市场

三 推行低碳城市试点

为控制温室气体排放，我国推行低碳城市试点，目前已将6个省份、80个城市和1个地区纳入低碳试点范围。各试点地区积极探索与本地区自然条件、资源禀赋、经济基础等相协调的低碳发展模式，支持工业、能源、建筑、交通等产业低碳转型，倡导低碳理念和生活方式。相关文献研究表明，低碳城市试点能够提升全要素能源效率和

表3-4　　　　　　关于推行低碳城市试点的政策

年份	政策	政策内容	环节
2010	《关于开展低碳省区和低碳城市试点工作的通知》	第一批试点地区：广东、湖北、辽宁、陕西、云南、天津、重庆、深圳、厦门、杭州、南昌、贵阳、保定 辽宁沈阳：2020年开始开展低碳试点成效评估 浙江嘉兴：探索低碳发展多领域协同制度创新	低碳城市试点
2012	第二批试点地区	海南和北京、上海、石家庄、秦皇岛等28个城市 北京：大力倡导低碳理念，开展低碳宣传进机关、进企业、进社区、进校园活动，试点开展"碳足迹"调查 新疆：加大全社会参与节能宣传力度 大连：在2011年评选的中国十大低碳城市中排名第一，并获评"国家森林城市" 衢州：建立碳生产力评价考核机制、光伏扶贫创新模式与机制	低碳城市试点
2017	第三批试点地区	沈阳、大连、南京、常州等45个城市	低碳城市试点

绿色全要素生产率、促进企业绿色技术创新、发挥空气污染防治效应、降低碳排放水平。

四 引导企业碳信息披露

根据相关学者的研究，企业的碳信息披露水平与外部环境压力、产权性质、政治关联等因素有关，并可以降低股权融资成本，对长期企业价值有正向促进作用。为此，我国采取了一系列引导企业碳信息披露的政策，提出推动建立企业碳信息披露制度，引导企业树立碳信息披露意识，完善企业碳排放报告与核查的相关规范，优化企业内部信息收集机制，并加强公众的监督意识，推动形成企业及时、真实、准确、完整披露环境信息的发展氛围。

表3-5　　　　　　　关于引导企业碳信息披露的政策

年份	政策	政策内容
2010	《关于启动省级温室气体排放清单编制工作有关事项的通知》	将天津、广东、辽宁、云南、湖北、浙江、山西作为温室气体排放清单编制试点地区，为碳排放强度的目标分解提供基础和依据
2011	《省级温室气体清单编制指南（试行）》	要求各地区根据排放清单识别主要排放源和各部门排放现状，并预测未来减排潜力
2016	《"十三五"控制温室气体排放工作方案》	提出推动建立企业温室气体排放信息披露制度，鼓励企业主动公开温室气体排放信息，国有企业、上市公司、纳入碳排放权交易市场的企业要率先公布温室气体排放信息和控排行动措施，在引导企业进行碳排放信息披露方面发挥了重要作用
2020	《碳排放权交易管理办法（试行）》	进一步完善了企业温室气体排放报告与核查的相关规范
2020	《关于构建现代环境治理体系的指导意见》	进一步要求建立完善上市公司和发债企业强制性环境治理信息披露制度
2021	《企业温室气体排放报告核查指南（试行）》	进一步完善了企业温室气体排放报告与核查的相关规范
2021	《企业温室气体排放核算方法与报告指南（发电设施）》	针对全国碳市场发电设施层面要求明确和细化核算边界，鼓励和引导企业开展参数实测的要求

五 发展碳金融衍生品

最常见的碳金融衍生品是国家核证自愿减排项目（简称 CCER 项目），被广泛应用于风电、光伏发电、生物质发电、垃圾焚烧等领域，是一种通用的减排碳资产，用核证减排量抵消企业实际碳排放是国际上的通行做法，北京、上海、天津、重庆、湖北等试点碳市场均允许 CCER 交易。截至 2020 年，中国 CCER 累计成交量达 2.68 亿吨，虽然完备的抵消机制是试点碳市场在竞争中取得领先地位的战略工具，但也可能会挤占部分配额交易。

表 3-6　　　　　　关于发展碳金融衍生品的政策

年份	政策	政策内容
1992	《联合国气候变化框架公约》	推动了低碳经济投融资相关活动，带动了碳金融衍生品市场的发展
1997	《京都议定书》	推动了低碳经济投融资相关活动，带动了碳金融衍生品市场的发展
2011	北京《"十二五"时期节能降耗及应对气候变化规划》	鼓励银行建立绿色信贷机制，开展节能减碳项目融资、保理等绿色金融服务
2011	《"十二五"节能减排综合性工作方案》	提出要强化金融支持力度，国家开发银行承诺将在"十三五"期间提供贷款、投资、债券、租赁、证券等综合金融服务，支持"中国制造 2025"战略
2015	《绿色债券发行指引》	规定绿色债券适用范围和支持重点，包含多种方式降低碳排放的项目
2016	《关于构建绿色金融体系的指导意见》	提出有序发展碳远期、碳掉期、碳期权、碳租赁、碳债券、碳资产证券化和碳基金等金融产品和衍生工具
2021	《关于深化生态保护补偿制度改革的意见》	研究建立绿色股票指数，发展碳排放权期货交易，鼓励绿色信贷、绿色债券、绿色保险等参与生态保护补偿
2022	《广东省碳排放权管理和交易办法》	鼓励金融机构探索以碳排放权交易产品作为质押的融资服务，支持绿色金融信贷服务
2022	湖北《绿色制造体系建设实施方案》《关于开展工业和信息化部第五批绿色制造（绿色设计产品）申报服务的通知》	提出了绿色信贷支持政策

第四节　国资央企在碳达峰行动中的示范引领作用

国资央企在关系国家安全与国民经济命脉的重要行业和关键领域占据重要地位，同时也是我国碳排放的重点单位。国务院国资委把碳达峰碳中和工作纳入国资央企发展全局，积极稳妥地推进中央企业绿色低碳转型发展，努力发挥好中央企业在落实"碳达峰十大行动"中的示范引领作用。[①]

一　加强谋划部署，建立健全工作推进机制

落实国资央企在碳达峰行动中的示范引领作用，需要加强统筹协调和谋划部署，建立健全工作推进机制和激励约束机制，将碳达峰碳中和目标要求全面融入国资央企中长期发展规划，明确总体目标和行动方案，贯穿到企业生产经营全过程和各环节，充分发挥行业协会作用，协调解决企业实施工作中遇到的重大问题，鼓励有条件的国资央企率先达峰。

一是着力加强统筹谋划。国务院国资委成立由主要负责同志任组长的中央企业碳达峰碳中和工作领导小组，印发实施《关于推进中央企业高质量发展做好碳达峰碳中和工作的指导意见》，召开中央企业碳达峰碳中和工作推进会议，统筹推进中央企业碳达峰碳中和工作。

二是"一企一策"制定碳达峰行动方案。编制印发《中央企业碳达峰行动方案编制指南》，组织指导各中央企业从自身实际出发开展工作，科学制定本企业碳达峰行动方案，合理确定目标指标，细化部署重点任务，压紧压实推进责任。

三是强化节能降碳考核约束。修订《中央企业节约能源与生态环境保护监督管理办法》，把节能降碳工作纳入中央企业负责人经营业

---

① 《国资央企努力在碳达峰行动中发挥示范引领作用——"碳达峰十大行动"进展（七）》，国家发展和改革委员会，2022年11月30日，详见 https://www.ndrc.gov.cn/fggz/hjyzy/tdftzh/202211/t20221130_1343073.html。

绩考核体系，对节能降碳环保数据严重不实、弄虚作假的中央企业年度考核予以扣分或降级处理，在2022—2024年任期考核中，对72家能耗和排放较高的中央企业设置节能降碳考核指标。

二 优化产业结构，加快绿色低碳转型发展

落实国资央企在碳达峰行动中的示范引领作用，需要优化产业结构，加快绿色低碳转型发展。把节约能源资源放在首位，提升利用效率，优化能源结构，供给侧和需求侧两端同时发力，加快构建有利于碳达峰碳中和的国有经济布局和结构，大力推进绿色低碳转型升级，持续降低单位产出能源资源消耗和碳排放，从源头减少二氧化碳排放。

一是优化国有资本绿色低碳布局。印发《"十四五"中央企业发展规划纲要》，专篇部署绿色低碳发展，指导中央企业深入推进供给侧结构性改革，构建有利于推进"双碳"工作的国有经济布局和结构。调整国有资本存量结构，加快清理处置不符合绿色低碳标准要求的资产和企业，优化国有资本增量投向，推动国有资本增量向绿色低碳和前瞻性战略性新兴产业集中。加大国有资本经营预算支持力度，把碳达峰碳中和作为重点支持方向。

二是推动传统产业转型升级。坚持化解产能与产业升级相结合，持续巩固钢铁、煤炭去产能成果，加快淘汰落后产能。全面建设绿色制造体系，支持企业实施绿色化智能化改造，加快推进煤电、钢铁、有色金属、建材、石化化工、造纸等工业行业低碳工艺革新和数字化转型，提高工业电气化水平，促进绿色电力消费，提高能源资源利用效率。持续巩固去产能成果，支持企业实施绿色化智能化改造。兵器工业集团投入60亿元开展节能减排改造；中国石油启动吉林石化转型升级项目，打造首个全绿电化工项目。

三是加快发展绿色低碳战略性新兴产业。鼓励中央企业抢占绿色低碳发展先机，推动战略性新兴产业融合化、集群化、生态化发展。近年来，中央企业在新能源、新材料等战略性新兴领域的投资额年均增速超过20%，推动互联网、大数据、人工智能、5G等新兴技术与绿色低碳产业深度融合，建设新能源汽车、北斗、电子商务、区块链

等一批数字创新平台，创建物流大数据、海工装备等协同创新平台，发挥产业引领带动作用。

四是推进绿色基础设施建设。大力发展绿色建筑，加快推进既有建筑节能改造，积极发展绿色智能建造。中国建筑集团建成全产业链装配式建筑智慧工厂，投资PC预制构建厂超50个，年总产能超600万平方米。实施交通基础设施绿色化改造，积极开发绿色、节能、环保交通运输装备。中国中车研发碳化硅逆变器、永磁直驱技术等新一代地铁产品，较普通产品节能15%以上；中国一汽、东风公司加大推动清洁燃料电池、智能充电等技术攻关与应用；通信企业推进数据中心绿色化转型升级，围绕5G网络、人工智能等领域重点突破，积极打造研发、应用、运营、产品一体化绿色低碳全链条。

五是加强能源资源节约集约循环利用。推动中央企业强化用能管理，加快实施节能降碳工程，促进企业循环式生产和固体废物综合利用。建材企业积极探索城市生活垃圾掺烧、生物质耦合发电等技术应用与推广，华润集团2021年共处置市政污泥106万吨、药渣4.4万吨。

六是坚决遏制高耗能高排放低水平项目盲目发展。印发《关于严控严管"两高"项目有关事项的通知》，组织中央企业全面摸底"两高一低"项目情况，严控高耗能高排放项目，严格执行煤电、石化、煤化工等产能控制政策，优化高耗能高排放项目产能规模和布局，加快实施改造升级，推动能效水平应提尽提，坚决关停不符合国家政策要求的项目。

三 保障能源供应，构建清洁低碳能源体系

落实国资央企在碳达峰行动中的示范引领作用，需要保障能源供应，构建清洁低碳能源体系。中央企业要统筹好"控能"和"控碳"的关系，坚持节约优先发展战略，推进煤炭消费转型升级，严格合理控制煤炭消费增长，完善清洁能源装备制造产业链，支撑清洁能源开发利用，在清洁安全高效的前提下保障能源电力供应。

一是全力保障能源电力供应。组织能源领域中央企业千方百计打赢能源电力保供攻坚战，发挥国有企业在能源电力保供中的"国家

队"和"主力军"作用。2021年,中央企业煤炭产量首次突破10亿吨,发电量达到4.95万亿千瓦时,同比增长10.2%,占全国发电量的64.6%,高于装机规模占比2.5个百分点。

二是积极推动煤炭清洁高效利用。坚持先立后破,合理发展先进煤电,有序淘汰落后煤电,加快现役煤电机组节能降碳改造、灵活性改造和供热改造"三改联动"。目前,中央发电企业单位供电煤耗降至298克标准煤/千瓦时,单位供电二氧化碳排放量低于550克/千瓦时。严控传统煤化工产能,有序建设技术新、能耗低、效益好的现代煤化工项目。

三是着力提升清洁能源发展水平。中央发电企业清洁能源装机容量占比超过45%,电网企业新能源利用率超过95%,新能源消纳和调控能力进一步提升。稳步构建氢能产业体系,推进氢能制、储、输、用一体化发展,超过1/3的中央企业布局氢能产业。国家电网在张北建成世界首个柔性直流电网工程,助力实现冬奥场馆100%绿电供应;南方电网广东梅州、阳江抽水蓄能电站全面建成投产,粤港澳大湾区抽水蓄能装机容量达到968万千瓦。

四 坚持创新驱动,绿色低碳技术成果纷呈

落实国资央企在碳达峰行动中的示范引领作用,需要坚持创新驱动,强化绿色低碳技术成果应用。充分发挥国资央企创新主体作用,支持国资央企加快绿色低碳重大科技攻关,积极承担国家绿色低碳重大科技项目,力争在低碳零碳负碳先进适用技术方面取得突破。

一是加强低碳零碳负碳科技攻关。组织中央企业开展低碳零碳负碳技术研发,积极承担先进核电、清洁煤电、先进储能等一批攻关任务。中国华能全球首堆四代核能高温气冷堆并网发电;中国华电、东方电气集团合作推动G50燃气轮机取得重大突破;中国宝武富氢碳循环高炉突破传统高炉工艺极限。

二是强化创新成果示范应用。国家能源集团江苏宿迁公司建设的高效灵活二次再热发电机组研制及工程示范项目,获评国家科技创新重大成果典型案例;中国石化建成投运国内首个百万吨级二氧化碳捕集利用与封存项目;航天科技成功发射世界首颗森林碳汇主被动联合观测遥感卫星。

三是积极推动绿色低碳技术创新平台建设。支持中央企业结合自身优势建设绿色低碳原创技术"策源地"。中央企业牵头成立了海上风电产业技术创新联合体、碳捕集封存和利用技术创新联合体、中国新型储能产业创新联盟、全球低碳冶金创新联盟，成为绿色低碳技术交流的有效平台。

五　完善管理机制，持续提升碳排放管理水平

落实国资央企在碳达峰行动中的示范引领作用，需要完善管理机制，持续提升碳排放管理水平。推动国资央企建立健全碳排放统计、监测、核查、报告、披露等体系，完善国有资产监管信息平台，建立中央企业碳交易信息共享共用机制，发挥协同效应。

一是强化碳排放数据统计核算。建立中央企业碳排放统计报送体系，构建碳排放统计核算管理平台。加大碳排放数据质量监管力度，印发《关于开展碳排放数据质量问题排查整治工作的通知》，指导督促中央企业全面开展碳排放数据质量问题自查自纠，建立企业碳排放质量管理标准。

二是积极参与碳减排市场机制建设。探索建立中央企业碳汇管理综合服务平台，指导中央企业积极参加全国碳排放权交易市场。在首批纳入全国碳交易市场的电力企业中，有超过600家中央企业所属电厂；在10家首批成交企业中，有8家为中央企业。

三是强化绿色低碳发展宣传教育。开展中央企业节能低碳主题宣传活动，组织重点行业中央企业向全社会、同行业发出绿色低碳倡议，传播绿色低碳发展理念。开展碳达峰碳中和工作专题培训，提升中央企业领导干部推进绿色低碳发展的意识和能力。

案例篇

第四章 高成长企业推动能源绿色低碳转型行动

能源是经济社会发展的重要物质基础,也是碳排放的最主要来源。要坚持安全降碳,在保障能源安全的前提下,大力推进可再生能源替代,加快构建清洁低碳安全高效的能源体系。这其中,南京南钢和双良集团是典型案例。

第一节 能源绿色低碳转型行动总体成效

能源是碳达峰碳中和的重点领域,各地区各有关部门积极稳妥有序地推进能源绿色低碳转型行动,在非化石能源开发利用、化石能源清洁高效开发利用、新型电力系统建设等方面,都取得了显著的成效。[①]

一 非化石能源加快开发利用

非化石能源开发是能源绿色低碳转型行动的重点,呈现出新能源保持较快增长、常规水电项目建设稳步推进、核电保持平稳建设节奏的特点。

(一)新能源保持较快增长

实现碳达峰碳中和的战略目标,要推动新能源成为电力供应主

[①]《能源绿色低碳转型行动成效明显——"碳达峰十大行动"进展(一)》,国家发展和改革委员会,2022年11月30日,详见 https://www.ndrc.gov.cn/fggz/hjyzy/tdftzh/202211/t20221130_1343067.html?state=123。

体，构建新型电力系统，多措并举保障新能源高水平的消纳利用。制定实施以沙漠、戈壁、荒漠地区为重点的大型风电光伏基地规划布局方案，规划总规模约4.5亿千瓦，目前第一批9500万千瓦基地项目已全部开工建设，印发第二批项目清单并抓紧推进前期工作，组织谋划第三批基地项目。稳步推进整县屋顶分布式光伏开发试点，截至2022年6月底，全国试点累计备案规模6615万千瓦。有序推进山东半岛、长三角、闽南、粤东和北部湾等海上风电基地建设。2020年以来，新增风电、太阳能发电装机容量连续两年突破1亿千瓦，占年新增全部发电装机的六成左右。稳步发展生物质发电，截至2022年7月底，生物质发电装机3967万千瓦。会同有关部门积极研究支持地热能、非粮生物液体燃料等发展。推动国内首套自主化年产3万吨纤维素燃料乙醇示范装置工业化试生产。印发《氢能产业发展中长期规划（2021—2035年）》。2021年，新能源年发电量首次突破1万亿千瓦时大关。

（二）常规水电项目建设稳步推进

实现碳达峰碳中和的战略目标，要推动清洁能源开发利用，因地制宜开发水电，推动已纳入国家规划、符合生态环保要求的水电项目开工建设。统筹水电开发和生态环境保护，大力推动金沙江上游、雅砻江中游、黄河上游等重点流域水电规划和重大水电工程建设。乌东德、两河口水电站全面投产，白鹤滩水电站于2022年8月底前建成投产10台机组，金沙江旭龙水电站项目已于2022年6月上旬核准建设。2021年至2022年6月，常规水电开工600万千瓦。截至2022年6月底，全国水电装机容量达到3.6亿千瓦左右，比2020年增加约2000万千瓦，"十四五"期间新增4000万千瓦的目标已完成近50%。

（三）核电保持平稳建设节奏

实现碳达峰碳中和的战略目标，要在确保安全的前提下积极有序地推进核电建设，培育高端核电装备制造产业集群。华龙一号、国和一号示范工程、高温气冷堆示范工程等在建工程，在确保质量的前提下推进建设。2021年1月，华龙一号全球首堆福清5号建成投产。截至2022年7月，我国在运在建核电机组共77台、装机规模8335万千瓦。

二 化石能源清洁高效开发利用取得积极进展

我国一次能源禀赋结构具有"富煤、贫油、少气"特点，煤炭在国内能源结构中占据主导地位，对化石能源的清洁开发利用也是重点。

（一）煤炭清洁高效开发利用持续深化

煤炭作为我国主体能源，要按照绿色低碳的发展方向，对标实现碳达峰碳中和目标任务，有序减量替代，持续深化煤炭清洁高效开发利用，充分发挥煤炭煤电对能源绿色低碳转型的支撑保障作用。持续打好煤炭增产保供"组合拳"，实施煤炭安全保供责任制，稳定煤炭保供政策，加强全国煤炭产量调度，持续释放先进产能，切实稳定增加煤炭产量。研究推进低阶煤分质分级利用试点示范，充分挖掘煤电顶峰出力潜力，稳妥有序地推进煤电行业淘汰落后产能。2021年，煤电以不足50%的装机占比，生产了全国60%的电量，承担了70%的顶峰任务。全面实施煤电节能降碳、灵活性和供热改造"三改联动"，2021年已完成改造2.4亿千瓦，2022年将继续实施改造2.2亿千瓦，为实现"十四五"累计改造6亿千瓦的目标奠定良好基础。

（二）油气高质量发展深入推进

对油气行业来说，要以推动高质量发展为主题，积极适应能源转型和绿色低碳生产，不断提升储备调峰能力，构建清洁低碳安全高效的能源生产和消费体系。扎实推进油气勘探开发七年行动计划，大力提升油气勘探开发力度，2021年原油产量1.99亿吨、连续三年企稳回升，天然气产量2076亿立方米、增量连续五年超百亿立方米。加快推进非常规油气资源规模化开发，2021年页岩油产量240万吨、页岩气产量230亿立方米，煤层气利用量77亿立方米，保持良好增长势头。加快推进油气基础设施建设，推动油气干线管道和互联互通重点工程建设，"全国一张网"进一步完善。天然气储备能力快速提升，储气规模三年多实现翻番。扎实推进实施成品油质量升级，切实保障符合第六阶段强制性国家标准的汽柴油供应。油气消费保持合理增长，2021年油气消费约占一次能源消费总量的27.4%。

(三) 终端用能清洁替代加快实施

化石能源产生的二氧化碳排放占全社会碳排放总量的88%左右，因此实现碳达峰碳中和目标要求终端用能大幅进行清洁替代，终端用能清洁替代不仅减少了终端化石能源消费，同时还促进消纳供应侧新能源替代转化而成的电能或者氢能。因此出台《关于进一步推进电能替代的指导意见》等政策，推动工业、交通、建筑、农业农村等重点领域持续提升电气化水平。深入推进北方地区清洁取暖，截至2021年底，清洁取暖面积达到156亿平方米，清洁取暖率73.6%，超额完成规划目标，累计替代散煤超过1.5亿吨，对降低PM2.5浓度、改善空气质量的贡献率超过1/3。加快推动电动汽车充电基础设施建设，截至2022年7月，累计建成398万台，可基本满足电动汽车发展需求。开展核能综合利用示范，山东海阳核能供暖一二期工程总供暖面积超过500万平方米，实现海阳城区核能供暖"全覆盖"。浙江秦山核能供暖项目正式投运，成为南方地区首个核能供暖项目。

三 新型电力系统建设稳步推进

2021年3月15日的中央财经委员会第九次会议首次提出新型电力系统，对于能源体系的定义为"构建清洁低碳安全高效的能源体系"，同时明确提出"构建以新能源为主体的新型电力系统"。

(一) 跨省区电力资源配置能力稳步增强

为了消除电力市场跨省跨区的交易壁垒，实现能源资源在全国范围内优化配置，需要增强跨省区电力资源配置能力。建成投产雅中—江西、陕北—武汉、白鹤滩—江苏特高压直流等跨省区输电通道，加快推进白鹤滩—浙江、闽粤联网直流工程以及南阳—荆门—长沙、驻马店—武汉等跨省区特高压交流工程建设，积极推进"三交九直"跨省区输电通道。协调推进第一批大型风电光伏基地项目接入电网。截至2021年底，全国西电东送输电能力达到2.9亿千瓦，比2020年底提高2000万千瓦。

(二) 电力系统灵活调节能力明显提升

为保障不同时间尺度的电力供需平衡和新能源高水平消纳，关键在于提升新型电力系统灵活调节能力，引导新能源积极主动参与系统调节。推进煤电机组灵活性改造，截至2021年底，实施灵活性改造超过1亿千瓦。制定印发《抽水蓄能中长期发展规划（2021—2035年)》，推动各省制定实施方案和"十四五"项目核准工作计划，加快推进生态友好、条件成熟、指标优越的项目建设。截至2022年6月底，抽水蓄能装机达到4200万千瓦。出台《"十四五"新型储能发展实施方案》，加快新型储能多元化、产业化、规模化发展。截至2021年底，新型储能装机规模超过400万千瓦。推动具备条件的气电项目加快建设，截至2022年6月底，天然气发电装机约1.1亿千瓦，比2020年增加1000万千瓦左右。指导各地做好需求侧响应，有效减少尖峰负荷需求。

第二节 南京南钢：120MW 资源高效利用发电项目

南京南钢产业发展有限公司（以下简称"南京南钢"）始建于1958年，2000年实现整体上市，现有正式职工11993人，是具备年产千万吨级特钢新材料的国家高新技术企业，是国际一流的中厚板精品基地、特钢精品基地、钢铁复合材料基地和国防装备材料基地。南京南钢树牢"绿水青山就是金山银山"理念，以打造"美丽的都市型绿色钢厂"为目标，将绿色发展作为推动企业高质量发展的重要引擎，坚定不移地走生态优先、绿色发展之路。围绕碳达峰碳中和目标，南京南钢结合企业实际，组织开展推进绿色技术创新、节能新技术的开发和应用。同时，进一步强化节能减排、提质增效、能源结构优化等技术的应用，充分挖掘新能源及可再生能源利用潜力。南京南钢多措并举，从全生命周期的角度降低二氧化碳的排放强度，构建全产业链的低碳绿色发展生态圈。

一 南京南钢的能源属性

南京南钢深入贯彻新发展理念，秉承"创建国际一流受尊重的企业智慧生命体"的企业愿景，打造"创新驱动、数智化转型、新产业裂变"三条"高乘长"发展曲线，形成了金属新材料和战略性新兴产业"双主业"发展新局面。集团营业收入连续四年突破千亿元大关，综合竞争力稳居行业最高等级"A+级竞争力极强企业"，位列世界钢铁企业技术竞争力第12位，中国制造业500强第58位，南京市制造业第1名。先后获得国家单项冠军产品、国家级绿色工厂、国家知识产权示范企业、国家工业互联网试点示范、四获国家科技进步奖等重要荣誉。

2019年南京南钢全年实现营收1373亿元，利润45亿元。2020年全年实现营收1572亿元，利润48亿元。2021年全年实现营收1875亿元，同比增长19.3%；利润65亿元，同比增长36%。企业资产总额达690亿元、净资产334亿元。

南京南钢科技创新能力快速提升，聚集国内外优势创新资源，建设领先开放的全球化创新网络。全年研发投入23亿元，同比增长8%，投入强度位居行业前三。搭建了"3+3+5+N"全球级、国家级、省级、行业和企业级高端研发平台体系，聚焦前沿技术、关键共性技术，与英国莱斯特大学、日本冶金、德国亚琛工业大学、芬兰阿克北极等国际顶级院所深入合作，累计开展360余项产学研合作，形成了一系列核心产品和技术，突破国外技术封锁，引领行业技术升级。

南京南钢聚焦能源、轨道交通、船舶海洋工程、核电风电、工程机械、新能源汽车、国防等重点领域，形成了以镍系钢、超高强钢、管线钢、高铁用钢、耐候钢、轴承钢、弹簧钢、汽车钢等高档次特钢新材料为龙头的板、棒、线、带、型材五大类产品体系。目前已有123个产品达到国际领先或先进水平，Only 1、No.1产品70余项，解决"卡脖子"技术70项以上，特别是在超低温镍系钢、大厚度止裂钢、超宽超薄超高强钢、高端特用钢等尖端领域，有力支撑起我国高端制造业和国家重点工程等领域的发展需求，打破国外垄断。在高质量发展的驱动下，南京南钢产品已全面应用于世界在建规模最大的白鹤滩水电工程、可燃冰开采"蓝鲸Ⅰ/Ⅱ号"、第三代核电全球首堆示范工程"华龙一号"、国内第一座免涂装川藏铁路藏木特大桥、全球最大液化天然气工程亚马尔项目等300多个"国之重器"和重大工程项目，北京冬奥会重点场馆也均有南京南钢的耐候钢。

二 120MW资源高效利用发电项目

南京南钢是中国钢铁行业第一个实施清洁发展机制项目的"全国冶金行业节能减排示范基地",是中国钢铁工业协会"清洁生产环境友好型企业",先后获评国家级"绿色工厂"、钢铁行业"绿色发展标杆企业"和"江苏省工业旅游示范区"等称号,同时拥有国家级绿色设计产品、行业能效领跑者等荣誉。

(一)建设背景

南京南钢先后建成投产2台12MW中温中压发电机组及4台50MW高温高压发电机组,以消化生产过程中产生的富余煤气。近年来,南京南钢通过各种技术革新,不断调整和改进生产工艺、工序单耗,生产用煤气逐年降低,富余煤气逐渐增多,在现有发电机组容量已达饱和的条件下,煤气富余量逐渐增大。富余煤气的大量放散,既是极大的资源浪费,又严重影响着地区的环境保护。而早期建设的2台12MW机组服役时间较长,随着小型发电技术的日新月异以及机组老化造成的效率衰退,此两台机组的全厂热效率仅为23%左右,远低于小型高效发电机组38%—40%的全厂热效率,造成了很大的资源浪费。同时,南京南钢公司的最大用电负荷约68万kW,平均负荷55万kW,年用电量约44亿kW·h,其中从电网购电23亿kW·h,自发电约21亿kW·h,自发电占总用电量的47%,在行业内处于较低水平,这也造成了南京南钢公司能耗高、成本高的能源状态。

为响应国家节能减排的政策号召,提高资源综合利用的实施水平,南京南钢停运了现有的2台12MW机组,并将其置换出的12.3万Nm^3/h高炉煤气与系统富余的高炉煤气、转炉煤气统筹考虑,新建一台煤气消耗量约35万Nm^3/h(折合高炉煤气)、机组容量为120MW等级亚临界高效发电机组,实现变废为宝,增强了企业竞争力。

(二)建设规模及内容

建设的规模是新建1×390t/h超高温亚临界煤气锅炉+1×120MW中间一次再热凝汽式汽轮机+1×125MW发电机组及其配套辅助设施,所发电量全部供南钢自用。该项目采用的关键技术是

200MW以下机组超高温亚临界技术；核心装备包含超高温亚临界煤气锅炉、超高温亚临界高效发电机组。

120MW资源高效利用发电项目开工时间：2019年1月10日；竣工时间：2020年10月1日。项目于2020年1月12日至19日进行了连续168小时的整套试运行，运行结果达到交付移交试生产运行条件。该项目累计投资500662571.62元，其中：建筑工程6301880.52元，设备投资388487575.44元，安装工程95897926.96元，其他费用9975188.70元。

（三）工艺技术先进性

本项目采用技术先进的亚临界燃气锅炉和中间一次再热凝汽式汽轮发电机组，由南京南钢自主开发，项目建成后，将是我国首台套12万级亚临界机组；本项目采用超高温亚临界技术后，全厂热效率可由36%提升到40.5%；在消耗同等煤气量时，超高温亚临界机组的效率、收益均要明显高于高温超高压、超高温超高压等技术。除了投资的差距，在燃料成本、人力成本相同的情况下，超高温亚临界机组多出的收益几乎全部是纯利润，十分可观。

（四）项目节能减排效果

改造前，2台12MW机组年发电量为15714.4683万kW·h，煤气消耗热量为2507136GJ，单位煤气发电量62.68kW·h/GJ。该项目实施后，该台120MW机组年发电量为85956.2万kW·h，煤气消耗热量为8126060GJ，单位煤气发电量105.78kW·h/GJ。按照机组效率计算，节能量=（改造后单位煤气发电量－改造前单位煤气发电量）×改造前煤气量×电力折标准煤系数=（105.78－62.68）×2507136×3.3÷10000=35659tce；另外，改造后煤气放散量减少了19667tce。该项目总节能量=35659+19667=55326吨标准煤，年可减少社会电厂二氧化碳排放量12万吨。

该项目建成后，可以避免大量一氧化碳气体直接放散，减少标煤的消耗、二氧化碳的排放，避免废气对大气的污染，煤气发电并且可等量抵消燃煤发电带来的烟尘、SO_2、NOX等大气污染物的排放，可有效改善周边环境；项目建成后，可减少企业外购电成本约1亿元。此外，本项目的实施还有利于增加地方财政收入，促进地方经济发展。综上，本项目具有良好的环境、经济和社会效益。

三　绿色发展的布局

提前布局，管理严格把控。早在2015年，南京南钢就通过能源管理体系认证，对能源生产、使用过程予以控制和不断优化，通过节能监测、能源审计、管理评审、节能考核等措施，建立科学、规范、常态化的能源管理机制，为能源管理绩效的提升奠定了基础。

数字化赋能，驱动低碳绿色发展。遵循"一切业务数字化，一切数字业务化"的理念，南京南钢铁区一体化智慧中心、智慧运营中心、钢轧一体化智慧中心已建成。未来，南京南钢将实现全流程数字化管理，推动企业由制造向"智"造转型，全面创建"智慧"钢城。

发展循环经济，提升资源综合利用率。在生产过程中，南京南钢逐步构建铁素循环、固废循环、水循环、能源循环"四个循环链"，实现将污染物"变废为宝"。作为钢铁行业首个实施清洁发展机制（CDM）项目的企业，南京南钢还与世界银行签署了温室气体减排购买协议。

近年来，南京南钢以打造"美丽的都市型绿色钢厂"为目标，秉承创新绿色理念，将先进的国际国内技术进行组合、创新、集成、优化、完善。"十三五"期间，南京南钢重点在能效提升、绿色能源使用方面开展工作，累计投入近100亿元用于环保提升和生态保护，实施环保治理和节能改造项目100余项，建成了一批具有国际先进水平的节能降耗、环保治理设施，开展了一系列长远性节能减排、环境提升和生态优化工作，采取制造智能化、环保智慧化、产品绿色化、产业生态化举措，建成工业花园、"绿色工厂"示范企业、中国钢铁工业协会评定的清洁生产环境友好型企业，同时也是钢铁行业转炉工序能效"领跑者"。在2021年《中国冶金报》发布的"绿色发展企业榜单"中，南京南钢再次上榜"钢铁绿色发展标杆企业"，荣获"最美绿色钢城"称号。

南京南钢先后完成烧结、球团、焦炉全工序烟气脱硫脱硝，焦仓、煤仓、料仓全密封等一大批重点环保治理项目，实现了"矿进棚、料进仓"，做到了"用料不见料，用煤不见煤"。2021年，企业成功通过钢铁行业超低排放"有组织"和"清洁物流"评估，并在中国钢铁协会官网公示，迈入行业超低排放第一方阵。为打造"城市化+生态化"的产城融合样板，南钢投入2亿余元打造了滨江生态湿地园、钢铁博物馆、霸王山纪念馆等一批具有时代特色和人文气息的工业文化、历史文化旅游景点。

四 绿色低碳技术的研发与创新

创新是国之利器，也是南京南钢高质量发展的第一动力。长期以来，南京南钢自觉担负起科技自立自强的时代使命，坚持创新驱动、科技领航，为制造业全产业链发展贡献"南钢"力量。目前，南京南钢109个产品达到国际领先或先进水平，在大厚度止裂钢、超宽超薄超高强钢等领域解决了制约我国高端制造业发展的"卡脖子"技术和产品70余项。

目前，南京南钢已建成总装机40兆瓦光伏发电机组，在全生命周期的25年内可累计发电8.46亿千瓦时，可减排二氧化碳68万吨。二期30兆瓦光伏发电机组项目建设完成，2022年9月并网发电。未来，南京南钢还将积蓄创新势能，谋划建设储能系统、风力发电项目，通过可再生能源在钢铁生产各工序的有效利用，逐步摆脱钢铁生产对化石能源的绝对依赖，从源头上解决钢铁冶金过程中产生的碳排放问题。

2020年，南京南钢联合国网江苏综合能源服务有限公司、中国电力科学研究院新能源研究中心研发的"南京钢铁"号新型智能轨道电动机车正式上线运行，这是国内首台新型智能轨道电动机车，标志着大型工矿企业调度机车迈入清洁能源新时代，并且可在工矿企业推广使用。相比内燃机车，新型电动机车每台可实现年减少二氧化碳排放637吨。

南京南钢通过巧妙嫁接，使焦炉烟气实现超低排放；通过推陈出新，使焦炉地面除尘站实现国产化；通过大胆实践，成为国内首家焦炉煤气废液制酸单位；通过引进国际专利技术，攻克焦化废水难题；通过因地制宜，实施烧结球团脱硫脱硝；通过创新工艺路线，完成煤气发电脱硫脱硝。

近年来,南京南钢不仅引领钢铁行业技术进步,共建共享高质量钢铁生态圈,还致力于打造厂容整洁、环境优美、空气清新的全新形象。南京南钢是国内第一家在电炉炼钢工序采用汽化冷却技术,将余热转化成蒸汽进行发电,提升了企业余热资源回收利用率。同时充分利用企业的低温资源,为周边居民提供热水资源,减少社会煤炭、能源消费,形成与周边社区"生态和谐、社企共融"的美好画卷,走出一条钢与城和谐共生之路。

南京南钢深刻认识到提升余热余能发电水平是提高钢铁系统能效和竞争力的有效途径,也是实现钢铁绿色低碳发展的重要举措。南京南钢在钢铁行业中率先将亚临界发电技术应用于钢厂煤气发电机组,建设了120兆瓦超高温亚临界高效发电机组,使发电效率提升20%以上,最大限度地实现了资源的综合利用。目前南京南钢资源综合利用水平均达到国内先进。

五 南京南钢的未来纲要

南京南钢"十四五"绿色发展定位及目标是打造生态绿色标杆钢铁强企,做绿色钢铁的全球领跑者。在发展理念上,把"绿色南钢"的理念进一步落地,形成包括绿色采购、绿色生产、绿色回收、绿色金融等在内的完整绿色经济体系;在政策目标方面,将"十四五"规划绿色发展目标与国家及行业发展要求相衔接,围绕更高质量、更高效率完成目标任务,实现指标;在重点领域方面,明确各领域绿色发展路径,进一步深入推动绿色发展,并为实现引领奠定基础;在实现机制方面,采取综合措施,考虑短期和中长期目标衔接,提高绿色治理的协调性和效率。

在"双碳"方面,南京南钢主动对接国家、省、市的"双碳要求",积极履行社会责任,成立了公司级绿色低碳发展工作领导小组和产业发展研究院,建立了完善的"双碳"工作推进体系。在2021年9月8日郑重向全社会公布了南京南钢"双碳"行动纲要,即"碳十条",按照源头减碳、过程降碳和末端固碳的总体思路,从能效提升、绿色能源、绿色物流、绿色产品、技术突破等十个方面持续推进节能减排、协同减碳,制定"双碳""三步走"战略,并着力推进智慧能源体系建设，以智慧能源建设推动节能降耗。

行动纲要一：提升系统能效，减少能源消耗。持续跟踪、推广应用高效能源节约技术、资源综合利用技术、新能源开发利用技术，以科技进步促进能效水平及减碳能力。强化精细化管理，从管理侧提高能源利用效率、环保精细化管理水平，重点工序将实施一系列的节能降碳举措。

行动纲要二：绿色能源建设与使用。积极推动可再生能源利用，通过外购绿电，建设光伏发电机组，建设储能系统、风力发电项目，促进绿色能源应用迈上新台阶。推进二次能源的开发及应用，开展氢能重卡、氢能切割等研究与应用项目。

行动纲要三：提升物流绿色化水平。协同推进厂外物流和厂内物流的绿色化低碳化。进行清洁物流的低碳改造，引入电动汽车、新能源卡车和天然气汽车取代现有厂内燃油车，提升物流绿色化水平，实现用电动机车全面替代内燃机车，实现清洁运输。

行动纲要四：布局废钢等资源，实现结构减碳。推进"1+N"即厂内废钢加工基地+周边多个废钢资源点基地的建设，为提高废钢应用比例提供原料基础，也为长流程改短流程工艺转型进行原料储备。研究加大废钢生产工艺，通过提升废钢应用比例，降低铁钢比。建设推进带式球团替代烧结矿、外购熔剂石灰石以及用生石灰替代石灰石等，助力结构减碳。

行动纲要五：加大高性能绿色化钢材的研发和推广。首先是提高高强钢和低密度钢等高端钢材的研发及应用。南京南钢将在现有基础上进一步提升高性能钢材的占比，使之达到70%以上。其次是推动改善绿色钢铁产品的市场布局。增加超高强度钢板、免涂装耐候桥梁钢、清洁能源用钢等的使用和推广；采用短流程TMCP工艺替代或简化热处理工艺生产，降低钢材生产过程中能源消耗；复合板，采用不锈钢覆层+钢板基材的复合板代替纯复合板使用，有效降低材料的用量，实现减量化，提高钢材的一次成材率等助力实现钢铁全生命周期内的减碳。

行动纲要六：拓展市场减碳途径。投资建设光伏发电或风电，以减少净购入使用的电力的排放量；通过试点示范开发林业碳汇，适时与政府协同沟通，探讨长江沿线绿化、钢铁企业内部的应用等，在钢厂周边继续投资进行绿树种植，为碳中和做好铺垫。

行动纲要七：开展突破性低碳技术研究。应用突破性低碳创新技术是钢铁工业真正实现大规模脱碳的最重要途径。一方面强化行业内较成熟低碳技术的应用；另一方面开展直接还原炼铁、氢能炼铁、CCUS（碳捕获、利用与封存）等创新低碳技术的研究。推动高炉炼铁新工艺的进化和商业化，为低排放循环经济带来附加值。

行动纲要八：把握绿色投资机会。金融业加速绿色化升级，具有信贷倾斜和碳金融等多个落脚点，绿色金融未来会为中国绿色科技企业提供多元化的融资渠道。南钢将利用自身绿色工厂的属性及众多节能减排的措施，积极利用绿色金融产品，如申请绿色贷款、发行绿色债等；加强碳资产管理，积极参与碳交易；加大低碳绿色投资力度及壮大绿色产业发展规模。

行动纲要九：成立低碳产业研究院，整合对接全球资源。统筹各业务单元专业研究力量，以此为内核向外链接行业高校、智库、商协会、专家团队等智库资源，成立低碳产业研究院。建立健全低碳发展体制机制，重点开展低碳清洁技术的研究与开发，实现企业碳资产的全方位管理，加速推进"双碳"发展，以保障碳减排工作的顺利实施。

行动纲要十：倡导全员低碳生产和生活。南钢非常重视且一直在努力提高全员的低碳和减排意识，倡导全员的绿色出行和绿色生活，通过全员参与的减碳行动助力企业减排和社会减排；在内部同时倡导绿色办公和绿色生产，比如建设智慧楼宇，推行无纸化、数字化办公，大量扩建绿地等。将大力开展绿色产业链的协同，与供应链上的负排放企业开展协同降碳，为公司提供多元化的碳汇资源。

第三节　双良集团：聚焦双碳 数字赋能 打造核心竞争力

双良集团有限公司（以下简称"双良集团"）坚持健康、稳定、可持续发展理念，以绿色产业发展助力碳达峰碳中和，向着"健康双良、国际双良,始终做一家受人尊敬的企业集团"的愿景不断迈进。

一 双良集团的基本情况

双良集团成立于1982年,经过40余年的专注与创新,已发展成为一家集"节能环保、清洁能源、生物科技、化工新材料"四大产业板块于一体的综合性企业集团,拥有江阴和包头两大生产基地、22家全资和控股企业,其中双良节能(600481)为上市公司。

凭借在"节能、节水、环保、清洁能源"领域积淀的核心竞争力,双良溴化锂机组及智能化全钢结构间接空冷系统被国家工信部认定为"单项冠军产品",被央视聚焦纪录,誉为"造福人类,大国重器",荣获中国工业大奖企业奖与项目奖双料大奖,是国家首批服务型制造示范企业。连续多年名列中国企业500强,世界500强企业中有400多家是双良集团的合作伙伴。

目前,双良集团已形成多晶硅核心装备、单晶硅材料、电池组件光伏产业链,并深耕地热能、氢能、储能等清洁能源技术研发及装备生产,以数字化驱动的碳中和综合服务助力"双碳"目标实现。

二 双良集团的具体行动

能源替代、节能减排无疑是我国实现"碳达峰碳中和"战略的关键技术。双良集团勇当"双碳"赛道领跑者,致力于建设成为世界级清洁能源解决方案提供商和数字化驱动的全生命周期碳中和解决方案服务商,打造双良集团"双碳"核心竞争力,抓住前所未有的历史发展机遇,做出无愧于时代的业绩。

(一)清洁能源替代

双良集团快速布局光伏产业、氢能产业,打造新增长极。作为国内主要光伏多晶硅生产商的核心设备供应商,双良集团早在2008年就开始为光伏产业提供生产核心设备——多晶硅还原炉,产品从12对棒到72对棒系列化,还原电耗可降至42 kW·h/kg-si以下,目前市场占有率达到65%以上。2021年,双良集团正式进军大尺寸单晶硅片领域,在内蒙古包头建设40GW单晶硅项目,以令业界刮目相看的"双良速度"成功实现了当年签约、当年建设、当年投产、当年产生效益。目前项目已全面达产，公司产能超出预期，实现50GW，单晶硅片销售合同累计预估金额已超1000亿元。2022年，双良集团20GW高效光伏组件项目一期成功投产，实现182、210组件量产，自此双良集团形成了独具一格的多晶硅核心装备——大尺寸单晶硅片——高效光伏组件产业链，发挥产业协同效应，推动产业链上下游合作，打造"强链"。2023年3月18日，双良三期50GW单晶硅项目正式开工建设，预计建成后将形成100GW单晶硅产能，产业布局不断开拓。

在大力发展光伏产业的同时，双良集团还积极推进绿电制氢的研究和应用，形成"绿电+绿氢"的发展模式。2022年，由双良集团自主研发的"绿电智能制氢系统"正式下线，最大制备量可达1200Nm^3/h。双良集团正以大尺寸单晶硅片为主要着力点，夯实产业基础，并强化氢能产业发展，建立绿电制氢专业测试中心，可对1000Nm^3/h及以上电解槽进行评测，拥有2000Nm^3/h的气液分离装置、2000Nm^3/h的氢气纯化装置和功率超过5.5MW的电源系统，解决电解槽调试过程中遇到的各种问题，确保每一台产品的安全性与高性能。同时，双良绿电制氢装备制造车间正在加速建设中，为后续的市场拓展打下坚实基础。

"双碳"目标下，电能在终端能源消费中的占比将大幅提高。实施绿色电能替代为许多行业减少二氧化碳排放提供了十分便捷有效的方法。在电能替代领域，双良集团锅炉推出10KV高电压等级、180℃高温度参数、99.5%高热效率、零排放的高压电极锅炉、固体蓄热炉、电化学储能等产品、工艺包及智慧云能源管控平台等，产品涉及煤改电集中和分布式能源岛、工业动力蒸汽、电站启动锅炉、火电灵活性调峰、新能源消纳等相关领域。

在作为"一带一路"核心教育工程的新疆大学新校区，双良集团锅炉承接的由11台高压电极热水锅炉（8MW、16MW）及12000立方米储热罐组成的分布式能源岛系统性工程，不仅有效缓解了新疆维吾尔自治区电力供需矛盾，而且每年可减少3.5万吨煤炭资源消耗量，并且能够有效消纳当地光电和风电资源，对深化清洁能源供热，促进能源转型，提高可再生能源消纳及供热可靠性具有标杆意义。

（二）节能减排

双良集团充分发挥自身技术与产业优势，从源侧到工艺侧/负荷侧，面向工业领域、公共建筑领域、城市清洁能源供热领域，助力新能源替代，同时深耕拓展节能减排应用，并以"碳咨询服务、碳中和规划、碳中和技术改造、智慧化运维、碳资产服务"等覆盖规划设计到落地执行的一揽子碳中和服务举措，赋能各行业用户如期实现"双碳"目标，既做"规划设计师"，又做"实干践行家"。

（1）工业领域降碳

双良集团不断进行工艺革新，突破余热利用技术，降低工业生产能耗。面向石油化工、煤化工、生物化工、盐化工、冶金、油田采油等高能耗工业领域，双良集团运用余热高效回收技术、余热制冷转换技术、余热制热节能系统等核心节能技术，通过能耗诊断分析、节能技术方案、系统集成优化、节能效益分析等系统提出量身定制的解决方案，最大限度地利用不同品位的余热资源，替代一次能源消耗，以减少企业碳排放。

在石油化工行业，双良通过优化工艺、回收余热、节能降排，助力企业碳中和。双良集团采用回收氧化脱氢工艺高温油气余热，产生蒸汽用于工艺装置，降低装置能耗的节能方案，帮助某化工企业实现节能减排，实现装置能耗降低5%，节约蒸汽约28.8万吨/年、标准煤24686吨/年、实现二氧化碳减排61468吨/年、二氧化硫减排543吨/年、氮氧化物减排926吨/年。

在酿酒行业，传统的酿酒工艺，使用的低温冷却水多数为自来水或江河水，进入酒甑内与酒蒸汽换热升温后，产生的高温冷却水直接外排至环境中，不但造成了环境热污染和水资源的浪费，而且高温冷却水中的微生物对生态平衡也产生了负面影响。双良集团针对贵州茅台酒厂的节能节水优化方案，在沿用其传统的江河水冷却酒蒸汽这一方式的同时，通过"冷却塔+制冷机组+特制换热器+智能控制"创新组合，对江河水进行制冷回用，实现江河水的闭路循环。新工艺实现综合节水率90%以上。值得一提的是，拥有GIS地图、运行监控、智能调控、报警管理、数据分析、分项计量等功能的双良集团混沌能效云在茅台酒厂树立了典范。茅台智慧能效云平台自从上线后，茅台酿酒工艺实现了标准化、精细化流程操作,节省了30%的能源消耗,循环冷却水节水率达到90%以上,运维人员减少60%。

(2) 公共建筑领域降碳

双良集团的核心节能系统回收天然气发电机组的高温烟气和冷却水余热,实现冷热电三联供和能源梯级利用,能源利用率从40%提高到85%,同时大量减少污染排放。双良集团已成功投运包括天合光能常州工厂燃气分布式项目、青岛胶东国际机场、河北华电石家庄第一医院、湖南湘江欢乐城、广东珠海横琴、武汉国际博览中心、中石油数据中心、北京火车南站、奥运北京会议中心、意大利米兰国际机场在内的300多套冷热电联供系统解决方案,在分布式能源领域做出了突出贡献,连续九年获得"中国分布式能源优秀项目特等奖"。

在目前全球最大建筑单体和会展综合体、中国进博会展馆的中国国家会展中心,双良集团通过余热回收核心技术,利用发电机组排放的高温烟气和高温冷却水来进行制冷、制热,实现能源梯级利用和高效利用,使一次能源综合利用效率提升一倍,达到87.3%。上海迪士尼度假区采用了双良集团参与制定建设的环保能源定制方案,该分布式能源的能源综合利用率达到85%以上,比传统供能模式效率提高了大约1倍。该项目每年可节约标准煤2万吨,相当于每年少砍伐木材4万吨,可减少二氧化碳排放约7.5万吨。作为服务型制造示范企业,双良集团还通过智慧运维服务,为上海浦东国际机场1号能源中心中央空调系统安全、健康、稳定、高效运行保驾护航,实现重点场所无人值守、远程运维,同时通过设备在线、数据出差实现现场监测和诊断,为不同层面提供先进的能效提升、室内空气品质提升、资产管理、物业管理的整体解决方案。在确保稳定、持续、舒适供能的基础上,大大降低了综合能源消耗(水、电、气),综合节能率达到20%以上。

(3) 城市清洁能源供热领域降碳

双良集团2009年首创电站冷凝热回收供热系统,通过回收北方电厂向空气中排放的冷凝热,作为城市集中供热的热源,实现节能减排、余热供暖,可节约燃煤40%以上。和直接加热相比,该系统可实现节能40%,最大供热能力提高70%。2010年起,双良集团以

"清洁能源、智慧能源"为发展方向，布局"三北"市场，跨区域经营供热项目，采用余热回收技术、地热能梯级利用技术、循环利用技术、联合能源技术等新能源综合利用技术，成功实施了余热回收热电联产集中供热、深层地热能供热、太阳能光伏、光热发电等项目，实现天上、地面、地下立体化取能的发展格局。

山西转型综改示范区科创城能源岛作为绿色能源示范项目，集十三种清洁能源技术于一体，综合运用风能、光能、地热能等多种能源，通过多能互补实现百万级能量供给，覆盖供热、制冷面积约 106 万平方米，展示了双良集团在清洁能源立体取能、综合利用、多能互补上的突出优势，以及在新能源行业领域的积极探索和贡献。

（4）数字化赋能降碳

作为双良集团低碳发展的关键引擎，同时也是双良集团的"数字化应用平台"，双良集团旗下的无锡混沌能源技术有限公司（以下简称"双良集团混沌能源"）依托双良集团丰富的业务场景与广泛的客户资源，自主研发集智能 IoT 终端、Wonder OS 软件系统及 AI 智能算法于一体的混沌云边一体化系统，覆盖智慧供热、智慧建筑/园区/城市、智慧工厂、智慧空冷等多个场景，通过产品智能化、运维数字化和 AI 智慧化，助力客户数字化转型，实现低碳运维和智慧管控，致力于打造国内领先的碳中和综合解决方案数字化平台。

在智慧供热领域，建筑已经成为目前中国第二大能源消耗领域，其中供热能耗是建筑领域中的能源消耗"大户"。"双碳"形势下，推动供热行业升级改造、实现智慧供热发展已成大势所趋。针对市级、区域级冬季供热采暖能耗现状，双良集团通过技术创新，将供热产品通过 IoT 与 GIS 地理信息技术，展示供热系统"源—网—站—户"全流程实时状态，结合仿真模拟与负荷预测，实现按需供热、舒适供热、清洁供热。通过负荷预测与仿真模拟技术，结合实际运行数据、天气数据、建筑属性、人工经验等参数，根据算法策略自动调整所有站点的运行参数，同时具备初寒、极寒、末寒等不同模式设定。另外，系统可在地图上显示热源、换热站位置与一次管网走向，能够以全局角度快速发现供热运行生产中的不利点。

在智慧空冷领域，"双碳"目标下，发电厂、化工厂、钢铁厂等大型空气冷却塔用户正向高效、节能、绿色发展方向转型,其中智慧管理的转变尤其关键。智慧空冷亦采用 BIM 技术,以三维形式展现,实景、全景仿真作业动态,设备集成和装配式安装,统筹结合、有效利用是实现设备全生命周期管理的最佳途径。在荣获中国工业大奖项目奖的国电双维空冷塔项目中,双良集团将光纤光栅传感技术应用于空冷塔运行调控,在空冷行业率先进入数字化、信息化、服务化时代。全新的工艺使整体节水率达到 85%;采用光栅阵列测温技术,轻松实现 1 万多个温度点位监测;在管控创新方面,采用机器学习算法模型,实现无人智能调控。经计算,以 2 台 660MW 空冷塔为例,它可降低 3Kpa 冬季运行背压,减少间冷系统水阻 30%,节煤约 7920吨(约 396 万元),节电约 693 万度(约 138 万元)。

在绿电制氢领域,双良绿电智能制氢系统配备了 Wonder Green H2 数字化系统,可根据算法预测光伏、风电发电量,同步动态分配制氢计划,实现制氢系统全自动运行,提升氢能产量,减少启动速度,减少人员干预和操作,真正做到远程运维、无人值守,让制氢系统更加安全高效、绿色智能。

在多晶硅还原炉系统中,混沌能源 Wonder PSi 还原炉智慧控制系统可实现远程自动监控,掌握整个厂区所有还原炉的运行情况,实现智慧、安全的综合治理;以数据分类固化,实现实体设备与数字空间的双向映射、数据连接和状态交互,展示所有实时工艺流程中的数据、对比趋势图以及报警提示;定制化设计边缘一体柜将 AI 预测模型部署在系统边缘侧,实现对还原系统控制设备的实时性能预测及故障诊断;通过过程寻优、集中控制,实现还原工艺过程优化,改善还原电耗、沉积速度、一次转化率、致密料比例和珊瑚料比例等关键生产指标;同时,智慧控制系统支持雾化和高压智能预警,保证还原炉系统稳定运行,实现系统无人或少人值守,为企业降本增效。

三 双良集团的行动效果

从诞生第一台具有自主知识产权的溴化锂制冷机起,双良集团就开启了自己的绿色节能事业。40 多年来,双良集团一直围绕"节能减排、减碳降耗"主题,不断为社会做出更大的环保贡献。至今,双良已累计为全社会提供了 30000 多台节能设备，相当于少建 25 个 600 兆瓦火力发电厂，每年节约标准煤 3800 万吨，减排二氧化碳 1 亿吨；相当于再建 27 公顷森林，每年节水 28.3 亿立方米。

目前，双良集团已在山西太原、朔州、大同、吕梁、内蒙古呼伦贝尔、甘肃兰州、河南郑州、新密等省市成功运营多个大型集中供热项目，已获取 5 亿平方米特许经营权、实施供热面积 5000 万平方米。通过清洁能源集中供热产业，双良每年为社会节约标煤 1110000 吨，减少排放二氧化碳 2920000 吨，减少二氧化硫 10000 吨，减少灰渣 7100 吨，相当于植树造林 1180000 亩。

目前，双良集团已全面构建起助力"双碳"目标实现的产品和服务体系。为确保公司"双碳"战略的顺利推进，双良集团在院士科研工作站、博士后科研工作站、国家级企业技术中心的基础上，成立低碳产业技术研究院与低碳设计院，强化创新体系建设，构建"储备一代（前瞻性技术布局）、研发一代（关键技术研发）、生产一代（产品能效提升）"三级研发体系，与数字平台和各实体产业相互配合，共同构建起科技赋能、综合设计赋能、数字赋能和价值赋能的创新保障体系。

第五章　高成长企业推动节能降碳增效行动

节能是推进碳达峰碳中和、促进高质量发展的重要手段。国务院印发《"十四五"节能减排综合工作方案》，各地区和各有关部门都制定了相应的发展规划和落实方案。高成长企业在节能降碳增效中发挥着重要的作用，这其中安元科技和碧盾环保是典型案例。

第一节　节能降碳增效行动总体成效

各地区各有关部门认真落实全面节约战略，深入实施节能降碳增效行动，在许多方面都取得了积极成效。① 二氧化碳排放控制取得积极成效，2021年全国碳排放强度比2020年降低3.8%，为完成"十四五"碳强度下降18%的目标任务奠定了良好基础；全国碳市场第一个履约周期顺利收官，截至2022年2月共纳入发电行业重点排放单位2162家，年覆盖温室气体排放量约45亿吨二氧化碳；低碳试点示范工作深入推进，自2010年以来，我国陆续在6个省和81个城市开展了低碳试点，涉及31个省（区、市），涵盖全部5个计划单列市。

一　优化能耗调控政策和遏制"两高一低"项目

一是完善能耗总量指标形成方式。增强能源消费总量管理弹性，

---

① 《节能降碳增效行动取得积极进展——"碳达峰十大行动"进展（二）》，国家发展和改革委员会，2022年11月30日，详见https://baijiahao.baidu.com/s? id = 1751184798724727634&wfr = spider&for = pc。

将能耗强度降低作为国民经济和社会发展规划的约束性指标，合理设置能源消费总量指标，并向各省分解下达能耗双控目标。再由地方根据本地区经济增速目标和能耗强度下降基本目标确定年度能耗总量目标，实行基本目标和激励目标双目标管理，并可结合实际经济增速进行相应调整。

二是新增可再生能源和原料用能不纳入能源消费总量控制。新增可再生能源和原料用能不纳入能源消费总量控制，是完善能源消费强度和总量双控制度的重要举措，对推动能源清洁低碳转型、保障高质量发展合理用能需求具有重要意义。落实中央经济工作会议精神，发展改革委联合国家统计局等部门印发进一步做好新增可再生能源和原料用能不纳入能源消费总量控制的工作通知，明确具体操作办法。

三是有序实施国家重大项目能耗单列。发展改革委会同有关部门研究提出实施能耗单列的项目清单，支持国家重大项目建设，通过淘汰落后产能、节能技术改造和大力发展可再生能源等方式保障强链补链延链项目用能，有力保障国家布局重大项目合理用能需求。

四是优化完善节能目标责任评价考核方式。严格节能目标责任考核及结果运用，强化政策落实，对能源利用效率提升、能源结构优化成效显著的地区加强激励，对能耗双控目标完成不力的地区加大处罚问责力度。统筹经济社会发展和节能降碳，在"十四五"规划期内统筹开展地方节能目标责任评价考核，实行"年度评价、中期评估、五年考核"。

五是坚决遏制高耗能、高排放、低水平项目盲目发展。完善制度体系，发展改革委会同相关部门严格能效约束，进一步完善电解铝行业阶梯电价、燃煤发电上网电价等绿色价格机制，指导金融机构完善"两高"项目融资政策。加强督促指导，国务院召开坚决遏制"两高"项目盲目发展的电视电话会议。发展改革委持续加强节能形势分析研判，定期调度地方"十四五"拟投产达产和存量"两高一低"项目情况，对能耗强度降低不及预期的地区及时进行工作指导。压实主体责任，发展改革委多次组织地方梳理排查"两高一低"项目，对项目实行清单管理、分类处置、动态监控，联合工业和信息化部、生态环境部等部门开展专项检查，并将有关工作推进情况纳入省级人民政府节能目标责任评价考核。生态环境部将坚决遏制"两高"项目盲目发展作为中央生态环境保护督察的工作重点，并将查实的相关问题纳入长江、黄河生态环境警示片，公开曝光典型案例。

二 深入推进重点领域和行业节能降碳改造

一是大力推进工业和能源领域节能降碳。发展改革委等部门出台《关于严格能效约束推动重点领域节能降碳的若干意见》，明确重点行业能效标杆水平和基准水平，制定分行业节能降碳改造升级实施指南并深入推进实施。工业和信息化部印发石化化工、钢铁等行业高质量发展指导意见，遴选43家能效"领跑者"企业，推广高效节能技术。发展改革委、国家能源局部署推动中央企业和各地区扎实开展煤电"三改联动"，积极运用中央预算内投资、煤炭清洁高效利用专项再贷款来加大支持力度。2021年，全国火电机组平均供电煤耗降至302.5克标准煤/千瓦时，同比下降2.4克标准煤/千瓦时。

二是扎实推进建筑领域能效提升。加快更新建筑节能、市政基础设施等标准，提高节能降碳要求。加强适用于不同气候区、不同建筑类型的节能低碳技术研发和推广，推动超低能耗建筑、低碳建筑规模化发展。住房城乡建设部持续推动既有建筑节能改造，大力推进绿色建筑标准实施。截至2021年底，全国累计完成既有建筑节能改造面积约17亿平方米，建成绿色建筑面积约85亿平方米，建设超低、近零能耗建筑面积超过1000万平方米。

三是加快建立清洁高效交通运输体系。交通运输部联合相关部门大力推动绿色公路、绿色水运、港口岸电等绿色交通基础设施建设，发展智能交通，推动不同运输方式合理分工、有效衔接，降低空载率和不合理客货运周转量，积极扩大电力、氢能、天然气、先进生物液体燃料等新能源、清洁能源在交通运输领域的应用，加快推广新能源汽车、清洁能源动力船舶等清洁低碳型交通工具，持续优化调整运输结构。截至2022年9月，我国新能源汽车保有量达1149万辆，居全球首位。

四是深入推进公共机构能源资源节约。国管局持续开展节约型机关创建行动，有序组织实施公共机构节能改造工程，积极推广能源费用托管服务方式来提升公共机构能源利用效率。截至2022年6月底，全国共建成约13万家县级及以上党政节约型机关和5114家节约型公共机构示范单位，（其中）376家公共机构被评为能效"领跑者"。2021年，全国公共机构单位建筑面积能耗和人均综合能耗分别同比下降1.14%、1.32%。

三 不断提升节能降碳基础能力

一是完善节能法规制度。发展改革委研究修订《固定资产投资项目节能审查办法》和《重点用能单位节能管理办法》，进一步发挥节能审查能效源头把关作用，优化重点用能单位节能管理机制；加强节能事中、事后监管能力建设，持续发布年度监察计划，指导地方完善节能监察体系，突出抓好重点领域、重点单位、重点项目监督管理。

二是更新升级节能标准和能效标识。市场监管总局、发展改革委深入推进节能标准制修订工作，加强主要耗能产品、工序能耗限额管理，2021年推动发布4项强制性能耗限额标准、4项强制性能效标准和25项推荐性节能标准。截至目前，我国已累计发布378项节能国家标准，涉及火电、钢铁、建材、化工等重点行业领域，以及房间空调、电动机等家用电器和工业设备，基本覆盖了生产生活各个方面；已累计发布十五批能效标识产品目录，覆盖家电、照明等41类产品，涉及产品型号约290万个。

三是夯实能源消费数据基础。发展改革委联合国家统计局、国家能源局加快夯实原料用能、可再生能源消费数据统计核算基础，规范企业、行业协会、地方有关部门数据报送要求。发展改革委推动各地区督促重点用能单位严格落实能源利用状况报告制度，加快推进重点用能单位能耗在线监测系统的建设和数据应用，为节能形势分析研判提供及时有效的支撑。

第二节 安元科技："工业互联网＋数字化能源"解决方案

安元科技股份有限公司（以下简称"安元科技"）成立于2003

年，是依托于南京工业大学的产学研一体化的高新技术企业、国家级专精特新"小巨人"企业、国家级工业互联网平台企业，一直专注于工业互联网平台及行业应用产品技术的研发及服务，为城市安全、智慧园区、智能工厂、行业数字化转型等提供整体解决方案。

一 安元科技的基本情况

安元科技致力服务于国家实体经济与新型工业化战略，坚持"1+5+N"业务战略，提供工业互联网底座平台、工业互联网+安全生产、工业互联网+智慧园区、工业互联网+智能工厂、工业互联网+智改数转、工业互联网+新能源、工业互联网+物联设备等工业互联网全要素能力服务；拥有国家应急管理部化工过程安全生产重点实验室、"工业互联网+危化品安全生产"应急管理部重点实验室、国家应急管理部高危行业安全物联网技术创新中心、江苏省城市与工业安全重点实验室、南京工业大学公共安全研究院、中安安全工程研究院和江苏省企业研究生工作站等多个省部级以上科技创新平台，汇集了700多名由教授、博士、硕士等组成的跨学科、跨领域的复合型高级人才团队。

安元科技坚持"1+4+N"组织战略及全国布局战略，依托安元科技母公司及四大专业板块子公司、N家全国各地区分子公司及控股/参股子公司，为客户提供行业化、本地化的专业服务保障；与中化能源公司、国家能源集团氢能公司等央企合作成立了专业合资公司，与多个地区国有平台公司合作成立了本地化合资公司，更好地服务于央企及地方的数字化转型战略及数字经济发展。

二 安元科技的具体行动

安元科技以先进工业互联网技术为驱动，为钢铁、有色金属、建材、石化化工等行业领域，为南京、南通、徐州、淮安等区域的企业提供数字化转型咨询服务，为企业问诊把脉，为企业工艺水平、自动化水平等提升提供专业的解决方案，实现降本增效和节能减排。结合企业现状、工艺流程现状、自动化与数字化水平等进行评估分析，按照GB/T 39116-2020《智能制造能力成熟度模型》以及 GB/T 39117-2020

《智能制造能力成熟度评估方法》要求，为企业提供专业的评估报告、案例企业数字化转型思路以及该企业的数字化转型方案，助力企业数字化转型，提升生产力。

特别是，安元科技提供"工业互联网+数字化能源"解决方案，实时监测设备能耗，促进对能源使用过程各环节的平衡分析，实现对能耗、设备性能等的智能化分析，指导生产以优化能源使用效率，从而提升生产力以及优化碳排放等。此外，安元科技还提供计量管理、能源计划管理、能源实绩管理、能源监测、能源分析等五大功能服务。

功能一：计量管理。实现企业计量管理制度、计量组织机构职责以及计量标准文件的发布和综合检索查询，包含管理文件，如法律、法规、规章、制度等；技术文件，如国家/行业/企业计量标准、计量技术规范、计量检定规程、计量操作规程等。

功能二：能源计划管理。可以统计每个用能单元的用能实绩与用能计划的对比，进行能效考核，并以图表及表格方式来展示能耗源的日、月、年的能源用能计划与实际的对比结果。

功能三：能源实绩管理。根据能源分类分项的原则，建立起设备、工序、空间、产品等不同维度的能源模型，结合采集的能源数据，自动统计各能源模型/节点的能耗情况，汇总出总能耗、分项能耗、单位能耗等，并依托平台的报表功能，自动生成能源报表。

功能四：能源监测。将采集的能源相关实时数据按时序保存在系统的实时/关系数据库中，可查询实时归档数据及历史数据。能源介质监测直接反映了不同能源介质分类的能源消耗的实时状态和历史趋势变化，是生产状态最真实的数据反映，如电耗总览、用电分布等。监测各用能单位的消耗、产出、投入产出比的实时信息，并提供便捷的投入产出效益波动历史趋势查询功能。实时监测全厂各车间或厂区的总体能源消耗情况，并参考历史能源消耗情况，自动给出能源消耗异常报警，并提供便捷的历史趋势查询功能。

功能五：能源分析。一是能耗对比分析。可将不同用能单元按不同周期不同时间的能耗进行趋势对比，并以趋势柱状图、趋势折线图和表格的方式展示对比数据，帮助用户分析用能单元的能耗变化。二是成本对比分析。可将不同用能单元按不同周期不同时间的能源成本进行趋势对比，并以趋势柱状图、趋势折线图和表格的方式展示对比数据，帮助用户分析用能单元的能源成本变化。三是能源排名分析。可将不同用能单元在相同周期时间下的能耗进行排名分析，并以柱状图和表格的方式展示排名数据，同时显示各用能单位在各查询周期内的同环比增长率数据。四是能源分类分项。根据不同的分析维度（如区域、能源流向、建筑分项等）对各用能单位能耗进行分类和分项，通过饼图的上、下钻逻辑展示能源包含与被包含之间的关系，显示各类型能源的占比，同时通过柱状图和堆积图显示各用能单位的实际用量与趋势占比关系。五是能源时段分析。根据不同的时间维度（如峰谷平尖时段和白中夜班等）对各用能单位能耗进行时段维度占比分析，同时通过柱状图和堆积图显示各用能单位在各时段维度下的实际用量与趋势占比关系。

此外，安元科技还研发工业级物联网云主机，采用云计算、物联网等关键技术，实现监测监控设备系统的数据汇集、集成融合，满足数据监测、预警分析、报警联动以及自动控制，高效提升能耗监测、环保监测等监测能力，提升企业数字化、智能化管理水平。同时内嵌柔性 PaaS 平台，可根据企业不同行业、不同规模、不同需求提供本地化的个性化定制服务。

三　安元科技的行动效果

安元科技为企业提供数字化转型方案，并提供技术的支持以助力企业数字化转型，从而实现生产力以及工艺水平提升。助力企业智能化建设，优化企业生产力，实现设备互联、资源优化、质量控制等，提高产品质量、降低能源成本和能耗。通过实现人、机、物的全面互联，构建起全要素、全产业链、全价值链连接的新型工业生产制造和服务体系，对未来工业发展产生全方位、深层次革命性影响。利用工业大数据、"互联网+"、工业云等新一代信息技术，在保障信息安全的前提下，实现经营、管理和决策的智能优化，实现新型生产方式，建成高效、节能、安全、绿色的智能工厂，探索出行业智能制造新模式并推广应用。

第三节 碧盾环保：高耗水行业的"节能管家"

南京碧盾环保科技股份有限公司（以下简称"碧盾环保"）主要为石油、煤化等企业提供含有污水的精处理和高温凝结水回收，以及天然气中二氧化碳捕集。产品主要为膜分离装置、特种膜组件等，涉及高温凝结水除油除铁装置、低温热循环水处理装置、溢油油水分离装置、高精度含油污水分离装置、船舶油污水处理装置、天然气净化、高氨氮废水处理等。

一 碧盾环保的基本情况

碧盾环保坐落于南京市江北新区高新技术开发区内，成立于2010年，注册资金3157.9619万元，占地15亩，建筑面积近10000平方米，主要从事集特种分离膜的研发设计、生产制造、销售等为一体的国家高新技术企业。

基于全新的技术理念，自主研发的油水分离技术，具有高效、高精度等特点，可同步实现水的深度净化和油的原质原品回收的功能。公司承担的"十二五"期间国家科技支撑计划课题研究，独创的阻截除油技术被鉴定为具有国际领先水平。该技术拥有发明专利7件，实用新型专利20余件，国际PCT专利在20多个国家授权。公司以此为技术核心，为国外、国内石化、煤化等企业提供蒸汽凝液高温回收、循环水旁滤除油等提供系统解决方案，节能效果显著，在一定程度上解决了石油、化工领域的含油污水处理难、能耗高等"卡脖子"技术难题。目前，在已实施项目的年处理、回收高温蒸汽凝液超4亿吨，减排二氧化碳1500万吨，为行业内龙头企业，为中石油、中石化、中海油、国家能源集团、招商局集团的合格供应商。公司2020年中标工信部绿色制造系统解决方案——水资源优化系统集成。

公司与中国科学院大连化学物理研究所有关专家，经过8年的艰苦研发，以创新工艺解决了PTFE（聚四氟乙烯）制备中空纤维膜的技术难题，获3项国家发明专利。该产品可广泛应用于气体净化、膜蒸馏、高氨氮废水处理等领域。以 PTFE 中空纤维膜为核心，开发的天然气中二氧化碳捕集工艺，已在马来西亚国家石油公司完成测试。目前该项目已进入示范工程建设阶段。公司已与中国科学院大连化学物理研究所成立合资公司，共同推进该产品产业化开发。

自成立以来，公司先后荣获"工信部专精特新小巨人企业""国家高新技术企业""工信部2020年度绿色制造系统解决方案供应商""苏南自主创业服务区瞪羚企业""南京市瞪羚企业""中国航海学会科技进一等奖""第九届技术市场金桥奖""安全生产标准化企业""江苏省专精特新小巨人企业""南京市专精特新企业"等荣誉称号。

二 碧盾环保的具体行动

石化行业既是我国国民经济的重要支柱，又是能耗和碳排放大户，行业能源消耗和碳排放位居工业部门前列。随着石化转型升级深入推进和产业的发展，2030年以前，石化行业能耗和碳排放量仍将呈现增长的趋势。在碳达峰碳中和全面发展的背景之下，石油化工、炼化等企业受到碳排放量的约束，这就要求企业能源消费节能增效，终端用能部门加强可再生能源应用，提高能源使用效率。因此，结合石油、化工企业的特点，做好能源消费总量的控制，优化能源结构形式，促进技术的改造，合理开发、使用碳捕集、碳回收、循环利用、节能技术，真正地实现节能、环保、低碳的发展。

公司成立以来，围绕钢铁、化工、有色金属等高耗水行业的绿色升级，提供节水与水处理、水资源管理、污染物减排等运行管理服务，形成节水与水处理成套技术装备输出和系统集成专业技术产品服务成果。具体做法包括：通过为石油化工、电厂等大型企业提供绿色制造系统解决方案，对企业存在的环保问题等进行诊断和分析，进行个性化设计，帮助企业优化水处理方案和减少能源消耗，提供智能监测和管理体系，掌握企业的环保情况并及时优化和调整；为企业提供能源的循环利用，帮助企业实现节能减排，提升绿色制造水平。以公司为某石化企业提供的除油除铁系统方案为例，项目实施后，有效提升了该企业的绿色制造水平，可将其工艺凝结水含油率由原来的 $\leq 30\text{mg/L}$ 处理降低至 $\leq 0.3\text{mg/L}$；总铁含量由原来的 $\leq 0.3\text{mg/L}$ 处理降低至$\leq 30\mu g/L$；电导率由原来的$\leq 5\mu s/cm$处理降低至$\leq 0.1\mu s/cm$，处理后的凝结水可以回收再利用，并可实现凝结水的余热利用，既节约了水资源又实现了余热资源综合利用，大大提升其绿色制造化水平，帮助企业实现绿色绩效。

公司致力于油水分离装置的技术研究开发和成套装备生产制造的系统集成服务，为石油、化工等高耗水行业提供节水与水资源循环利用、非常规水资源利用、溢油水污染等系统解决方案，并提供水资源管理、污染物减排等运行管理服务。目前，高温凝结水除油除铁设备、低温热循环水旁滤除油净化系统设备、油田采油污水净化处理设备、石化含油污水净化精处理设备等在石化行业得到广泛应用。以公司生产的一台处理量为100吨/小时的除油装置为例，每年除了回收大量的油之外，还可回收高温凝结水84万吨，以6—12元/吨计，每年可创造经济效益500万—1000万元，而该除油装置的运行成本仅为25万—50万元。企业目前所运营的所有成熟项目，每年可回收利用非常可观的高温凝结水、热媒水及大量余热，有效帮助企业提升了水资源的循环利用，加强了水资源管理，减少了污水排放，广泛应用于各大石油化工企业。

公司提供的绿色制造系统解决方案的做法为高污染、高耗能、高耗水等企业碳减排、碳中和的实现提供了强有力的支撑。处理后的水可以回收再利用，并可实现水的余热利用，既节约了水资源又实现了余热资源综合利用，大大提升了其绿色制造化水平，帮助企业实现绿色绩效。为其他类似企业提升绿色制造化水平及资源循环利用提供了大量的可行性经验，比如公司专利技术为石油化工企业提供更加精细化、个性化的环保技术绿色制造解决方案，帮助其更好地应对碳达峰的挑战。

三 碧盾环保的行动效果

碧盾环保作为绿色制造系统解决方案供应商，始终致力于为石油、化工等领域提供绿色制造系统解决方案，以帮助企业降低碳排放，提高绿色制造化水平，实现绿色绩效。

行动效果一：热媒水旁滤除油设施，助力石化企业资源回用，节能减排。目前，石油炼化企业的热媒水系统常因炼油装置的换热器泄漏而导致水中含有相当数量的油类物质，为改善水质，企业每天需添加除盐水对装置中的低温热循环水进行置换，如此造成很大的水资源浪费，在损失了具有很大价值的除盐水的同时还会产生大量的含油污水，对污水处理增加了很大的负荷。公司为其提供的热媒水旁滤除油系统可以很好地去除热媒水中的油、悬浮物等杂质，保证了热媒水水质，同时较其他处理工艺还具有超高的水资源回收率。以某石化低温热回收利用改造热媒水旁滤除油设施系统为例，项目240t/h热媒水处理回用收益分析如下：（1）节约脱盐水方面，热媒水处理量240t/h，年运行时间8400小时，可以节约大量脱盐水，脱盐水成本按4元/吨计，每年节约脱盐水240t/h×8400h=201.6万吨，节约脱盐水价值达到4×201.6=806.4万元。（2）减少动力煤消耗方面，补充除盐水需升温，而经处理冷、热媒水可回用水温100℃，原水平均水温20℃，水的比热容为1000千卡/kg·℃，每公斤标准煤热值为7000千卡，标准煤价格按600元/吨计，年通过处理冷、热媒水，节约标准煤1000×（100-20）×2016000÷7000÷1000=23040吨，节约燃料价值600×23040=1382.4万元。（3）减少二氧化碳排放方面，假设燃烧一吨标准煤排放二氧化碳2.6吨（估计范围2.66—2.72），年减排二氧化碳2.6×23040=59904吨。（4）减少污水处理费用方面，如若冷、热媒水直接排放，则需要污水处理，每吨污水处理成本按1.2元计，则每年污水处理费2016000t×1.2元/t=241.92万元。综合来看，年节能减排收益高达806.4+1382.4+241.92=2430.72万元，减排二氧化碳达到59904吨。

行动效果二：高温凝结水除油除铁装置，提升绿色制造水平，实现绿色绩效。石油化工领域在生产过程中回收的凝结水由于管道腐蚀以及换热器泄漏，导致凝结水中含有铁锈与油类物质，不能直接回收于锅炉给水。很多企业将高温凝结水降级使用，甚至直接排放掉，造成了水资源的浪费，损失了大量的热能，同时还造成了很大的经济损失。公司为其提供的绿色制造系统解决方案——高温凝结水精处理系统，可以很好地去除凝结水中的油、铁、悬浮物等杂质，满足锅炉用水的相关标准，同时较其他处理工艺还具有超高的水资源回收率。以某石化公司重油加轻裂化及配套工程项目为例，项目100t/h凝结水处理回用收益分析如下：（1）回用脱盐水方面，凝结水处理量100t/h，年运行时间8400小时，处理后凝结水进入高压锅炉，脱盐水成本按6元/吨计，每年回用脱盐水 100t/h×8400h=840000t=84万吨，回收脱盐水价值6元/吨×84万吨=504万元。（2）减少动力煤消耗方面，经处理凝结水并回用水温50℃，原水平均水温20℃，水的比热容为1000千卡/kg·℃，每公斤标准煤热值为7000千卡，标准煤价格按600元/吨计，年通过回收凝结水，节约标准煤1000×（50-20）×840000÷7000÷1000=3600吨，节约燃料价值600×3600=216万元。（3）减少二氧化碳排放方面，设燃烧一吨标准煤排放二氧化碳2.6吨（估计范围2.66—2.72），年减排二氧化碳2.6×3600=9360吨。（4）减少污水处理费用方面，如若凝结水直接排放，则需要污水处理，每吨污水处理成本按1.2元计，则每年污水处理费达到840000t×1.2元/t=100.8万元。综合来看，年节能减排收益达到504万元+216万元+100.8万元=820.8万元，减排二氧化碳达到9360吨。

在碳达峰行动中，公司提供的绿色制造系统解决方案得到了广泛的应用，并取得了显著的效果，帮助企业实现了碳排放的降低和环保效益的提升。目前，环保产业竞争激烈，公司将持续投入研发经费，提升科技创新水平。同时，也需要政府加强对环保产业的支持和扶持，为企业提供更好的政策保障和发展环境，以早日实现碳达峰碳中和的目标。

第六章 高成长企业推动工业领域碳达峰行动

工业是碳达峰碳中和的重点领域，各地区各有关部门深入研究工业领域破解资源环境约束、实现高质量发展的工作思路和重点举措，强化战略思维，坚持系统观念，科学稳妥有序地推进工业领域碳达峰碳中和工作，加快构建以高效、绿色、低碳、循环为特征的现代化产业体系。这其中，久吾高科、南京科润等高成长企业做出了重要探索。

第一节 工业领域碳达峰行动总体成效

通过制定《"十四五"工业绿色发展规划》，编制工业碳达峰方案，制定工业领域碳达峰实施方案及有色金属、建材等重点行业碳达峰方案等，工业领域碳达峰行动成效显著。[①]

一 推动提升能源利用效率

一是持续巩固去产能成果。制定2021—2023年淘汰落后产能工作实施要点，印发新版钢铁、水泥、玻璃行业产能置换实施办法。开展钢铁去产能"回头看"，实地督导检查29个省份435家企业，2021年粗钢产量同比减少3200万吨。公告水泥行业56个项目产能置换方

---

① 《工业领域碳达峰行动取得积极进展——"碳达峰十大行动"进展（三）》，国家发展和改革委员会，2022年11月30日，详见 https://www.ndrc.gov.cn/fggz/hjyzy/tdftzh/202211/t20221130_1343069.html。

案，压减产能超过1000万吨。

二是加大节能技术推广力度。遴选发布500余项工业和通信业先进节能技术、装备、产品，组织开展线上线下"节能服务进企业"活动。实施变压器、电机能效提升计划，促进重点用能设备全产业链系统节能。

三是扎实推进工业节能提效。制订《工业能效提升行动计划》，统筹部署"十四五"工业节能重点任务。深入推进国家工业专项节能监察，组织对3535家重点企业开展节能监察，督促企业依法依规用能，对6800家企业、园区开展节能诊断服务。2021年规模以上工业单位增加值能耗下降5.6%，2022年上半年下降4.2%。

四是打造能效标杆企业。在石化化工、钢铁等14个重点行业中遴选43家能效"领跑者"企业，创建一批国家绿色数据中心，带动行业整体能效水平提升。目前我国水泥熟料、平板玻璃、电解铝等单位产品综合能耗总体处于世界先进水平。

二 推行绿色制造和数字赋能

其一，推行绿色制造，发挥典型示范引领作用。一是建设绿色制造体系。累计推动建设绿色工厂2783家、绿色园区223家、绿色供应链管理示范企业296家，推广超2万种绿色产品，打造绿色增长新动能。二是加强工业领域电力需求侧管理。组织工业领域电力需求侧管理示范企业（园区）遴选，支持提升电能管理水平和需求侧响应能力，优化电力资源配置。三是加快中小企业绿色发展。培育一批节能环保类专精特新"小巨人"企业，有效带动中小企业提升绿色低碳创新能力。

其二，突出技术标准，夯实降碳基础能力。一是支持绿色低碳技术突破。聚焦钢铁、有色金属、建材、石化化工等重点行业，加快工业领域低碳工艺革新，推进绿色低碳技术装备创新突破和改造应用。二是建立健全标准体系。编制工业领域碳达峰碳中和标准体系建设指南，规划未来3—5年重点标准研制清单。聚焦重点行业下达110项碳达峰碳中和行业标准制修订项目计划。三是打造公共服务平台。利用财政资金支持重点原材料、重点装备制造业碳达峰碳中和和工业数字化碳管理公共服务平台建设，探索构建重点产品碳足迹基础数据库，提升低碳技术服务能力。

其三，大力推动数字赋能行业绿色发展。一是推动数字化绿色化融合发展。举办第四届"绽放杯"5G应用征集大赛，支持一批数字化绿色化融合试点示范项目。二是支持新型基础设施绿色发展。印发推动数据中心和5G等新型基础设施绿色高质量发展有关方案。目前新建5G基站能耗水平比2019年商用初期降低20%，新建铁塔共享率超过80%。三是推进"工业互联网+绿色低碳"。推动工业互联网平台进园区、进企业，培育一批工业互联网平台创新领航应用案例，为钢铁、石化化工、建材等重点行业提供数字化绿色化转型解决方案。

三　培育低碳产品

一是积极推广新能源汽车。持续开展中国汽车品牌向上发展专项行动、新能源汽车下乡活动。推进燃料电池汽车示范应用，首批启动北京、上海、广东等3个城市群示范应用。2022年新能源汽车下乡，首批发布28家企业70款下乡车型。2022年1—7月，我国新能源汽车销售完成319.4万辆，同比增长1.2倍，年销售量连续7年位居全球第一。

二是推进船舶航空领域低碳发展。会同发展改革委等五部门制定印发《关于加快内河船舶绿色智能发展的实施意见》，推动内河船舶绿色智能技术研发应用和试点示范。支持开展纯电动飞机、混合动力飞机等技术研究，研究民用航空工业应对碳中和目标发展路径。

三是加大智能光伏产品供给。编制智能光伏产业创新发展行动计划，持续加强光伏制造行业规范管理。2022年上半年光伏组件产量约123.6GW，同比增长54.1%，光伏组件年产量连续15年位居全球首位。

四是推动新型储能电池升级发展。修订发布《锂离子电池行业规范条件（2021年本）》，促进锂电产业技术进步。制定电化学储能电站安全风险隐患专项整治工作方案，加强储能电池安全供给。

五是提升建筑用材绿色水平。持续开展绿色建材评价认证，促进绿色建材产业增品种、提品质、创品牌。开展绿色建材下乡活动，批复了浙江等七省（市）成为试点地区，活动得到社会各界广泛关注和积极响应。截至2022年9月，获得绿色建材认证的562家企业1462种产品参与下乡活动。

第二节 久吾高科：膜集成技术整体解决方案"领跑者"

江苏久吾高科技股份有限公司（以下简称"久吾高科"）专注从事无机膜、有机膜、吸附树脂、工业副产石膏等新材料及技术的研发与应用，专业提供面向新能源服务、工业流体分离、水处理与资源化利用等领域，包括技术研发、工艺设计、设备制造、工程施工、运营等在内的膜集成技术整体解决方案。

一 久吾高科的基本情况

1997年久吾高科成立于江苏南京，2017年3月在中国A股创业板上市（股票简称：久吾高科；股票代码：300631）。企业现有员工452人，拥有"三桥国家级陶瓷膜产业化基地"和"浦口桥林片区久吾膜材料与应用研创园"两个厂区，具有年产30万支陶瓷膜管及800套/年膜分离成套设备的生产能力，拥有陶瓷膜领域仅有的5项国家级科技奖项，包括4项国家科技进步奖和1项国家技术发明奖，是目前国内最大、综合实力最强的陶瓷膜及成套设备工业龙头企业。

作为国家级高新技术企业，公司主导产品为陶瓷膜及成套装备，该产品填补了国内空白并达到世界先进水平，根据中国膜工业协会测算，该主导产品全球市场占有率达13%，国内市场占有率达45%以上。公司已发展成为全球前三、国内第一的陶瓷膜生产商，2019年公司被国家工信部评为首批专精特新"小巨人"企业，并入选国家绿色制造系统解决方案供应商项目。2021年公司当选中国膜行业陶瓷膜领域龙头企业；陶瓷滤膜及成套装备被国家工信部认定为第六批制造业单项冠军产品；桥林新工厂陶瓷膜生产线荣获江苏省智能制造示范车间；荣获2021年度南京市市长质量奖（组织）提名奖。

公司设有无机膜国家地方联合工程研究中心、江苏省企业技术中心、江苏省膜分离环境工程技术研究中心、江苏省盐水精制工程研究中心、江苏省企业研究生工作站等9个科研平台，为企业从事重大基础研究、重大工程研究和重大科技成果转化提供了有力的平台保障。经过长期累积与培养，公司逐步搭建起一支高水平的专业人才队伍，该队伍拥有博士5人，硕士44人，高级职称12人；拥有江苏省"333"高层次人才2人，江苏省双创博士2人，南京市中青年拔尖人才1人，高素质的专业人才队伍为公司持续发展和不断创新提供了强有力的智力支持。经过多年的持续发展，公司在工业流体、新能源等工业过程分离领域及工业污水处理和市政水处理领域积累了大量的应用经验和客户资源，同时在生物燃料乙醇、盐湖提锂等新能源领域以及废酸废碱废盐等资源再生利用领域均实现了膜分离技术的创新应用，国际上销售至四十多个国家和地区，得到了客户的广泛认可，形成了较深厚的技术积累和市场影响力。

二　久吾高科的具体行动

久吾高科具有很强的膜材料开发、集成优化和工程化应用能力，在膜材料的研发和膜分离技术的应用中取得了多项重要成绩。膜法技术因其自身的无相变、做功少、分子级别筛分的特点，是理想的绿色技术路线。公司自主开发了包括陶瓷膜材料制备、膜组件与成套设备开发及多领域的膜分离技术应用工艺在内的核心技术体系，主要为化学工业工艺再造、环境综合治理、水处理及资源再生利用、新能源等多个过程分离领域提供全面的膜集成技术整体解决方案。

典型案例一：盐湖提锂膜集成应用技术

新能源汽车应用是交通行业实现"3060""双碳"目标的重要路径之一，新能源汽车电池的核心材料是锂。我国已探明的锂资源储量（500多万吨）约占全球总探明储量的13%，且盐湖资源约占全国总储量的85%，主要分布在青海、西藏等省区。所以，大力发展和开发低成本的盐湖锂资源对于新能源汽车的布局非常重要。

久吾高科面向盐湖提锂应用过程，成功开发了行业领先的锂吸附剂材料及膜集成提锂工艺，能够匹配各种类型的盐湖资源，高效率低成本地从盐湖卤水中生产高品质的锂盐产品。该锂吸附剂材料产品，不仅能够用于目前成熟的盐湖析钾老卤的提锂工艺，还可以用于从盐湖原卤中直接提锂，能够大大缩短盐湖提锂生产周期，突破老卤产能的制约，显著提升盐湖锂资源的利用率。此外，久吾高科膜集成提锂工艺利用膜的分离纯化功能，可实现盐湖卤水或吸附合格液的高效分离与浓缩，得到高纯度富锂卤水用于生产电池级锂盐产品。目前，公司已为五矿盐湖有限公司提供了一万吨碳酸锂产能配套的全膜法盐湖卤水镁锂分离装置，并针对青海多个氯化物型和硫酸镁亚型盐湖，以及西藏硫酸盐型和碳酸盐型盐湖、南美锂三角氯化物型盐湖、湖北深层地下卤水，完成了原卤吸附耦合膜法提锂工艺的实验验证。经过多年的持续发展，公司已经成为国内同时拥有自主知识产权的吸附剂材料技术和膜集成应用技术的盐湖提锂技术服务商，能够向锂资源开发企业提供盐湖提锂整体解决方案。

典型案例二：冶金行业一氧化碳废气制乙醇技术

我国是全球最大的能源消费国，在"双碳"背景下，能源问题成为我国日益突出的发展问题，开发清洁环保的可再生能源越来越受到人们的关注。目前在全球范围内，燃料乙醇作为清洁的可再生能源被越来越多的国家接受并进行研究。现阶段，燃料乙醇在我国至少有1000万吨的市场缺口，由于原料供应难以保障、投资运行成本高，开发一种经济、绿色的燃料乙醇制备技术，成为该行业的迫切需求。

目前，以钢厂尾气等工业废气为原料，通过微生物厌氧发酵技术将CO、CO_2和H_2等转化为乙醇是开发燃料乙醇的新型路线。该方法将钢铁行业的工业尾气经气体预处理后送至发酵系统，通过发酵、蒸馏脱水后产出浓度≥99.5%的燃料乙醇。久吾高科自主开发的面向生物燃料乙醇发酵液体系的陶瓷膜成套装备将陶瓷膜分离技术与发酵系统耦合，分离微生物和产物乙醇，保持菌株活力，减轻产物反馈抑制作用，从而解决了钢铁工业尾气生物发酵制燃料乙醇工艺的连续性运行问题。该技术既可高效利用工业尾气，又可生产燃料乙醇和高蛋白及CNG，燃料乙醇生产成本相对较低，且副产物价值较高，符合国家长期发展规划。

三 久吾高科的行动效果

盐湖提锂方面，作为中国陶瓷膜龙头企业，久吾高科在提锂膜法耦合技术上，基于膜技术研发制造能力的深厚积累，以及不断强化的提锂吸附剂材料研究，正在持续推进一个又一个盐湖提锂项目的产业化实施。近年来，公司陆续实施了五矿盐湖1万吨/年碳酸锂项目、玻利维亚1.5万吨/年碳酸锂项目、金海锂业1000吨/年氯化锂项目，并与西藏矿业、紫金矿业、藏格锂业、西藏中鑫等盐湖资源企业合作开展小试、中试研究。以五矿盐湖年产万吨级的碳酸锂生产线为例，项目提取的碳酸锂产品可用于约25万辆新能源汽车的生产，同比燃油车可帮助减排二氧化碳约80万吨/年。目前久吾第三代DLE吸附剂已经实现了产业化应用，钛系吸附剂已经成功帮助紫金矿业拉果错、西藏矿业扎布耶、西藏中鑫班嘎错等西藏地区盐湖打通提锂工艺，而铝系吸附剂也已经在青海藏格锂业成功运行，吸附剂性能较同类产品具备明显优势。在国家新能源战略的指引下，未来久吾高科也将继续加大盐湖提锂创新技术的研发和应用，着力提升关键性材料的制备水平和提锂工艺的先进水平，为行业技术进步和绿色发展作出贡献。

生物发酵制燃料乙醇方面，久吾高科开发出面向生物燃料乙醇发酵液体系的陶瓷膜工艺及成套装备，属于行业首台套膜应用装备，采用陶瓷膜技术解决了生物乙醇发酵过程中固液分离、低浓度目标产品浓缩、燃料乙醇废水排放等问题，目前已在河北首朗、宁夏首朗、贵州金泽、宁夏滨泽等企业成功推广应用，推进了生物发酵产业绿色低碳发展水平。以公司服务客户首钢郎泽为例：首钢朗泽一年将生产燃料乙醇4.6万吨，蛋白饲料7650吨，压缩天然气330万立方米，每年可减少二氧化碳排放9万吨，颗粒物排放145吨，氮氧化合物排放545吨。中国钢铁产量约8亿吨，利用一半的炼钢尾气资源每年可生产500万吨燃料乙醇，原料资源丰富，便于利用且收集成本低，产业规模潜力巨大，可以促进钢铁企业"非钢"经济发展。本公司开发的陶瓷膜成套装备实现了膜分离在燃料乙醇制备过程中的重大突破，可显著缩短燃料乙醇生产过程、提高产品质量和收益，有力推进了过程工业相关领域的技术进步。

久吾高科自成立以来着力发展先进分离技术，为化工、纺织、生物医药等多个过程分离领域提供全面的膜集成技术整体解决方案，实现了绿色制造过程的节能、降耗、减排、降碳效果。近几年，公司积极响应国家"双碳"战略，拓展盐湖提锂、燃料乙醇等新能源业务领域，为国家"双碳"目标贡献久吾力量。当然，在企业自身的清洁生产、可再生能源利用等方面稍显不足，未来需加强在光伏发电和设备转型升级等方面的发展力度，提高清洁能源利用率与能源利用效率，持续减排，助力国家"双碳"目标的实现。

特别是，积极推进智改数转升级。公司是江苏省"两化"融合试点企业，2018年公司开工建设智能化陶瓷膜生产线项目，目前项目已全面竣工投产，该项目利用我国自主品牌工业机器人对陶瓷膜生产线进行智能化改造，首次将智能制造和大数据应用在膜材料制造业。通过对生产环节工艺参数在线提取，机器人自动上下料，AGV自动运送，MES系统管理等大量改造，实现从陶瓷传统生产技术升级为陶瓷智能生产技术，实现膜工艺的自动化和标准化。2021年该陶瓷膜智能化生产车间获批"江苏省智能制造示范车间"，久吾"膜材料+智能制造"模式的强势出圈，不仅巩固了久吾在膜分离行业的地位，也彰显了久吾自主研发转化科技成果的实力。

第三节　南京科润：绿色高性能工业介质的"领军者"

金属加工介质是金属材料加工过程中必不可少的配套材料，主要包括热处理冷却介质、金属加工及成型介质、表面处理介质、清洗防锈介质、工业润滑介质等产品，其广泛应用于汽车整车及零部件、航空航天、海洋船舶、轨道交通、工程机械、兵工、家电、电梯、齿轮、轴承、铝材等领域。南京科润工业介质股份有限公司（以下简称"南京科润"）致力于绿色高性能工业介质的研发、生产、销售和服务，主要提供热处理淬火、金属加工及成型、表面处理、清洗防锈介质及整体解决方案。

一　南京科润的基本情况

南京科润成立于2000年（股票代码：835906），注册资本10080万元，位于江苏省南京市江宁区秦淮路31号。作为国家火炬计划重点高新技术企业，主导制定国家及行业标准19项。南京科润主营产品淬火介质在国内中高端市场占有率约30%，居全国第一、全球第三，是中国热处理淬火介质第一品牌。南京科润目前也是国内唯一一家可将绿色无磷前处理产品和技术广泛应用于乘用车的民族企业，是中国无磷前处理技术的领军者，达国际先进水平。南京科润近三年营业收入逾10亿元。

南京科润创立之初就确定了"技术驱动价值"的发展主线，拥有一支高素质、高技能的研发技术团队，其中包括中国工程院项目组专家、享受国务院特殊津贴待遇专家、特聘为东南大学的省级产业教授、江苏省创新创业人才、江苏省企业博士集聚计划资助人才、东南大学博士后、南京市中青年行业技术学科带头人、留学归国博士、不同领域的国家标准制定者等高层次人才。南京科润秉承"成为绿色制造的领航者"的愿景，建有行业首家将"产学研用，多学科交叉"有机结合的专业研究机构——工业介质研究院，研究院专注于新型环保工业介质材料的研究、开发及应用。南京科润现有国家级博士后科研工作站、江苏省金属加工介质工程技术研究中心、江苏省绿色工业介质工程技术研究中心、江苏省企业技术中心、江苏省工程研究中心、江苏省研究生工作站等6个省级以上研发机构。同时，南京科润积极与牛津大学、清华大学、东南大学、兰州大学等国内外知名高校开展产学研合作，建立了长期稳定的战略合作关系。

南京科润曾荣获中国机械工程学会绿色制造科学技术进步奖、江苏省科学技术奖、国家级专精特新"小巨人"企业（制造类）、江苏省信息化和工业化融合试点企业、江苏省绿色制造示范创建计划企业等综合性荣誉及表彰20余次，获得了国家重点研发计划项目、国家火炬计划产业化示范项目、中国清洁发展机制基金支持项目、科技部创新基金项目等省部级科技项目立项十余次。南京科润围绕热加工技术、冷加工技术、表面处理技术以及成套设备等方向开展研究开发工作，拥有授权发明专利44项、实用新型专利17项、PCT申请专利9项、软件著作权6项。

南京科润作为一家为钢铁、热加工、冷加工以及汽车等工业领域提供金属加工介质和服务的整体解决方案提供商，在行业内居于领军地位。南京科润产品的持续优化有助于直接提升工业领域材料的加工质量、生产效率、能耗、材耗及生产环境的改善等，可以直接或间接地降低能量和材料耗用（如天然气、煤炭、石油等）。同时，南京科润的绿色高性能金属加工介质智能制造车间入选了省级智能制造示范车间。南京科润始终坚持强化产品全生命周期绿色管理，努力构建高效、低碳、节能减排的绿色制造体系，全力提升中国工业领域的产品品质和绿色低碳发展。

二　南京科润绿色智能制造工厂

节约和合理利用能源是我国的一项基本国策，采用先进工艺技术和设备以及先进的节能技术与措施是南京科润绿色智能制造工厂在设计、施工与建设过程中始终贯彻的指导思想和原则，从工艺、设备、管理等多方面入手，采取各种相应的节能降耗措施，降低能耗物耗，以取得更好的经济效益并助力低碳发展。具体措施如下。

1. 总图节能措施

合理布置总图，提高了土地使用率，节约了土地资源，并减少了制作部件周转，节约运输能源。在设备平面布置上采取了紧凑、合理的流程，最大限度地降低能源消耗。理顺工艺流程、区划生产区域，使物流便捷，有效降低了生产中不必要的能耗和费用。

2. 工艺设备节能

选用节能环保型、低损耗、低噪声干式变压器，并在配电室内低压侧集中补偿。电动机工艺选用Y型节能电动机，厂房照明采用高效长寿命气体放电灯，二次回路的控制设备采用节能型元件。动力设备、电气设备在确保设备性能的前提下，优先选用节能设备，按系统设置必要的耗能计量（电表、水表等）措施，以达到节约能耗、降低成本的目的。

3. 建筑节能措施

优化建筑、采暖、通风、空调及采光照明系统的节能设计，完善建筑节能设计标准，建立了建筑节能评价体系。选用节能空调及制冷设备并分组控制。空调主机负荷从30%—100%自动调节，净化空调根据温湿度变频调节。空调水泵等连续运转设备均安装变频器，可根据负荷自动控制。厂房建筑强化自然通风，车间屋顶设有气窗或无动力风帽，厂房四周设有高位气窗，尽量减少了机械通风排气装置的使用。厂房建筑强化了自然采光设计，屋顶设有条形采光带，维护墙体上采用高、低双层采光窗，节约了电能。建筑外墙及屋面的保温层，门窗的保温隔热性能（传热系数）和空气渗透性能（气密性）指标高于国家及所在地区的相关标准。

4. 照明节能措施

车间照明灯具采用了多路集中控制系统，做到了每个区域可独立控制，在车间少量人员作业时可局部照明，减少大面积照明造成的浪费。厂区道路及建筑泛光照明采用定时控制方式以降低能耗。

5. 能源管理

能源计量方面，公司内部制定了能源计量管理体系，对计量器具进行按期检定或校准，对不合格的计量器具进行及时更新。在能源计量数据管理和使用方面，把计量数据作为能源量化管理、实现真实成本核算的基础，内部计量不同部门的能源消耗，配备了能源计量器具，建立了具有符合标准的能源计量网络及管理系统。

能源管理方面，工厂在设计和实施过程中由专门的节能领导小组管理，节能领导小组负责制定水、电的消耗定额，建立能源奖惩条例，监督落实节能工作计划和目标。建立了公司、车间、班组三级节能管理网，使节能工作落实到班组、个人。配备了专、兼职节能管理人员，形成定期检测与核查制度，将节能工作纳入各级管理人员业绩考核以及员工岗位培训范围内，并形成制度。

除上述节能措施外，南京科润还引进了智能化设备，利用生产过程控制和监控系统（DCS）、企业资源计划系统（ERP）、BATCH批量配方管理系统、CRM客户资源管理系统等信息化手段，南京科润绿色智能制造工厂实现了自动排产和柔性生产、关键装备远程监控、产品质量可追溯等功能。产能方面，可年产工业介质10万吨；碳排放方面，可降低二氧化碳年排放量145万吨；生产成本方面，可提升

68%的人均效能，降低17%的能源消耗；品质管理方面，可确保产品出厂高合格率以及及时交付率。

未来，南京科润将进一步完善生产自动化及智能车间的建设，应用信息系统与大数据技术打造自己的工业大脑，提高生产制造全链条的自动化与智能化水平，采用光伏技术以取代电能，助推产业转型升级和"双碳"目标的实现，助力"中国制造2025"。

三　南京科润产品研发及产业化

我国高端装备制造业关键构件的性能与服役寿命与先进工业国家相比差距巨大，存在"可靠性差、寿命短、结构重"三大问题。例如，核电转子强度低、大型船舶曲轴低温冲击性能差、高速机车主轴和轴承的疲劳寿命不足等，这些问题已经成为限制我国高端装备制造业发展的瓶颈。工艺材料（如加工介质类产品）长期被边缘化和附属化，加工工艺落后且高能耗、高污染，是引起上述问题的重要因素之一。针对以上问题，南京科润在冷加工、表面处理和热加工等方向持续开展产品的研发、应用及产业化工作，逐步提升产品的绿色化和功能化，不断提高工业领域的制造水平，力图用最小的资源投入以产出高质量产品，以系统性思维方式实现"双碳"目标。

（一）冷加工方向：高效和环保型金属加工产品的研发和应用

金属加工工艺种类复杂，同时各种新型金属材料的广泛应用，造成了金属加工介质产品种类繁多。此外，加工机床主轴的标准转速不断提升，这一趋势对金属加工介质提出了更加苛刻的要求。为了在高速、高效和精密加工的条件下满足更加苛刻的加工要求，南京科润把通用和高效的冷加工介质的研发作为一个重点方向，以确保对不同金属材料的适用性，同时还能满足不同条件下的工艺操作。

绿色工业介质是在各国环境法律法规日益完善、环保要求日益严格的大背景下的产物，是未来金属加工介质的发展趋势。到目前为止，对于绿色金属加工介质还没有严格的定义，但综合来看，绿色工业介质应符合以下要求：使用过程不损害人体健康；使用过程符合卫生要求，对环境无污染或低污染；具有生物降解性，并且降解后无毒或低毒。目前，发展绿色加工介质必须解决两个关键基础问题：基础油液和添加剂的绿色环保问题。对于油基加工液而言，基础油是最主要的成分，在冷加工领域，作为植物油基切削技术的倡导者，南京科润一直致力于新型金属切削与成型产品的开发及应用，在工艺创新方面做出了不懈努力，通过大量的新技术研发确立了南京科润在金属加工液及化学品管理系统的领先地位，具体体现在如下方面。

一是环保型水溶性切削液的研发及应用。南京科润通过环氧化植物油的改性并研究其抗老化性、低温流动性和抗磨减摩性能的影响规律，得到了不同短链醇、酯化反应催化剂对反应温度、时间和副反应的影响规律，形成了环氧化植物油改性润滑剂制备技术。同时，研究了植物油改性润滑剂与其他基础油，如合成酯、PAO 的润滑协同效应，构建了航天航空加工用通用型切削液绿色润滑体系。

二是长效型无硼&无甲醛抗菌关键技术的研发及应用。基于航空航天领域切削"工艺稳定性差、加工周期长、槽液寿命短"的共性问题，南京科润研究了切削液的润滑技术、缓蚀技术、抗菌技术和回收利用技术，开发了长效型无硼、无甲醛抗菌关键技术，制备了两种不同类型切削液（铝合金专用切削液和通用型切削液），并实现了在航空航天、汽车涡轮增压器等领域的示范应用，形成了"清洁切削—循环再生—示范应用"的成套技术，可保证切削液的使用寿命在抗劣化技术的协同下，达到 2 年以上。此研发工作获得了国家重点研发计划项目的立项。在抗菌方面的研发工作中，南京科润研究了不同地区和使用时间的切削液中微生物种群，揭示微生物种群的分布规律，建立了切削液细菌性质数据库；研究了切削液中化学成分在不同微生物中的降解速率，揭示不同分子结构对微生物降解的影响规律，形成了切削液抗菌成分设计理论；研究了不同组合抗菌成分在抑制微生物降解方面的协同效应，构建无硼、无甲醛长效抗菌关键技术，以实现精准抗菌和切削液的长寿命。

三是高缓蚀&长寿命全合成铝合金切削液。为了开发缓蚀性能更好的金属加工产品，南京科润研究了不同有机羧酸中和后对于航空铝合金缓蚀性能的影响，揭示缓蚀机理，并研究含硅类缓蚀剂与有机羧酸的协同效应，构建了铝合金缓蚀技术。为了开发润滑性能更好的金属加工产品，南京科润研究了不同分子量和 EO、PO 分布的嵌段聚醚润滑性能，揭示非离子表面活性剂的润滑机理，并研究有机羧酸与嵌段聚醚的协同效应，构建了无氯、无硫、无磷全合成型铝合金切削液润滑技术。同时，研究了pH值对于铝合金切削液润滑、缓蚀性能的影响，调控切削液各组分的比例，结合"长效型无硼、无甲醛抗菌关键技术"成果，最终实现了高缓蚀、长寿命铝合金全合成切削液的制备。

（二）表面处理方向：节能、环保型产品的研发及应用

在表面处理领域，南京科润致力于引领涂装创新技术发展，是最早从事环保无磷新型前处理及涂装技术开发应用的公司之一，独创了硅烷—纳米陶瓷复合技术，此产品和技术成功入选了《江苏省重点推广应用的新技术新产品名录》。

南京科润研发的硅烷表面处理剂，采用聚硅氧烷替代单体硅烷偶联剂，改善了原有单体硅烷偶联剂在体系中难以分散却易聚集成团以及成膜稀疏的问题，提高了有机成膜体系的稳定性以及成膜致密性。在汽车电泳涂装行业，南京科润首次采用了接枝有氨基和羟基的氧化物纳米颗粒，一方面可以适当提高膜层厚度，增强与电泳涂料的物理吸附能力，另一方面纳米粒子上接枝的官能团可以有效与涂料中的有机物质匹配。牢固的聚硅氧烷Si-O-Si三维网状结构，包裹着溶液中的无机纳米成膜剂在金属表面形成大量无机纳米粒子，沉淀到金属表面，形成一层致密的纳米级有机/无机复合膜。这层纳米复合膜提高了金属基材与漆膜之间的附着力。同时，无机纳米粒子封闭了硅烷三维网络的孔隙，这层纳米复合膜为金属基材提供了优良的耐腐蚀性能。

南京科润研发的硅烷表面处理剂成功地替代了传统的磷化处理技术，使用过程中无须加热，可节省热耗15%—25%；节约表调与钝化工艺的循环泵，可节省电耗5%—10%；同时实现节水10%—20%。此新型表面处理技术产生的废水不含磷与有害重金属，因此，废水处理成本也仅为磷化技术的25%。

（三）热加工方向：新技术和环保型产品的研发和应用

热加工冷却工艺材料是关键构件畸变的直接影响因素，决定了其强韧性，中国工程院编制的《中国热处理和表面改性技术路线图》

将冷却介质技术体系列为重点研究领域，要求"形成高效冷却效果、无污染的淬火冷却介质体系，获得残余应力场、性能、显微结构和变形开裂的控制及预测技术体系"。

热加工生产必须从材料、工艺、设备和辅助材料、废液废料回收利用及加工零件再制造等方面提高热处理行业的节能和环保技术水平。淬火冷却作为金属热处理工艺过程的重要组成部分，自始至终伴随着热处理的发展而不断进步。目前在现实生产中的淬火介质大多是淬火油，其主要成分为矿物油，属碳基有机化合物。另外，矿物油生物降解性差，废弃的矿物油对环境的潜在污染威胁很大。随着经济的发展，环境保护、安全生产和清洁生产等一系列问题引起业界越来越多的关注，是今后热处理发展的主要方向之一，也是行业坚持科学发展观，推动热处理工业现代化并实现发展的必然选择。南京科润大力加强淬火介质的研究和推广应用工作，积极研究开发经济、安全、无污染的新型淬火介质。具体如下。

一是首次将匀速冷却介质应用于锻后冷却，有效降低能耗。南京科润通过研究不同水溶性聚合物对冷却性能的影响，将不同聚合物复配，获得了中高温阶段以蒸汽膜冷却为主、冷速一致、冷却的同时性和均匀性均较好的匀速冷却介质。南京科润还采用聚合物接枝改性技术，提高改性后的聚合物水溶液初始黏度，使降解过程一直保持着比改性前更高的黏度，从而提高耐热性，一举两得地解决了热稳定性与水溶性问题。

同时，南京科润通过六个参数精确控制锻后"一次冷却"和"二次冷却"的冷却过程，有效解决了组织遗传问题，提升了产品服役寿命，减少了正火等工序。由于改变了传统的热加工路线，假设加热过程能效相当，均从25 ℃加热至典型温度，并忽略保温时间差异，则热处理各工艺能耗占比见表6-1，数据表明至少可以降低能耗40%，每预处理100吨锻造工件能够节省电量40000 kW·h。

二是利用工件回火余热，有效节约生产使用电量。南京科润研发的余热发黑剂利用工件回火的余热，在工件与发黑液接触瞬间，发黑液中的有机高分子材料受热引发聚合反应，高分子侧链基团交联成膜，附着在工件表面，形成保护膜，通过其对工件的包裹和封闭，有效防止腐蚀。此研发的产品每加工100吨工件能够节省电量2500kW·h。

表6-1 典型材料热处理工艺能耗占比

典型材料	热处理工艺加热典型温度（℃）			比热容（J/kg·℃）		能耗占比（%）		
	正火	淬火	回火	室温及低温	高温	正火	淬火	回火
17CrNiMo6	950	930	180	461	699	48	47	5
GCr15SiMn	930	820	180	461	699	50	44	6
40CrNiMo	880	850	600	461	699	42	40	18

三是以水代油淬火介质的研发和应用。南京科润实现了以水代油的技术，在技术上解决了油性淬火介质淬火不硬不透和冷热水淬火介质淬裂倾向不统一的难题，最大限度地替代油性淬火介质，可以有效控制畸变，提高关键构件的装备精度和生产效率。使用此产品，每100吨钢材淬火时可节省270kg矿物油。此研发工作获得了江苏省科技型企业技术创新资金项目的立项。

四是在国内首次研发出具有实际应用价值的植物油基淬火介质。传统植物油存在热氧化安定性差、低温流动性差、黏度范围窄等缺陷，阻碍了其作为淬火冷却介质的工业化应用。热氧化安定性可通过添加抗氧剂来提高，也可利用现代生物技术培养高油酸植物或者化学改性来提高。南京科润在高油酸植物油基础上，复配高效抗氧剂组合，结合化学改性技术，解决了植物油在淬火应用中的热氧化安定性问题，突破了植物油热氧化安定性差的技术瓶颈，解决了其在热处理行业难以工业化应用的问题。通过环氧改性及添加剂复配技术，替代传统硝盐、矿物油等高污染的介质，每生产100吨植物油基淬火油可为国家节省100吨的矿物油原料。此研发工作获得了江苏省科技成果转化专项资金项目的立项。

不过，目前化学改性植物油成本较高（约矿物油3倍以上），在高端装备制造业推广存在较大成本压力的问题，南京科润计划将对环氧改性植物油进一步深加工，合成出性能更高、更稳定的改性植物油，将其与热氧化安定性较好的高油酸植物油复配使用。同时，拓展植物油原料的来源，利用蓖麻油、非食用木本油料、地沟油等非食用油。在保证使用温度200℃以上时连续使用寿命超过2年的前提下，将植物油基成本降低至矿物油的1.5倍以内。另外，南京科润计划将通过产品配方的优化，以及使用天然产物作为添加剂，替换现有产品中的合成添加剂，使产品成为完全来源于天然产物的生物可降解功能材料。

第七章 高成长企业推动城乡建设碳达峰行动

城乡建设是碳排放的主要领域之一。随着城镇化快速推进和产业结构深度调整，城乡建设领域碳排放量及其占全社会碳排放总量比例均将进一步提高。2022年住房和城乡建设部、国家发展和改革委印发《城乡建设领域碳达峰实施方案》，对建设绿色低碳城市、打造绿色低碳县城和乡村作出了具体要求。高成长企业致力于推动城乡建设碳达峰行动，这其中好享家、菲尼克斯、易司拓等是努力探索的典型案例。

第一节 城乡建设碳达峰行动总体成效

住房和城乡建设部高度重视城乡建设领域节能降碳工作，持续提高新建建筑节能标准、稳步推进既有建筑节能改造、持续扩大可再生能源建筑应用、开展绿色建筑创建行动、推动绿色金融支持绿色建筑发展、积极参与国际合作，建筑节能与绿色建筑发展取得重大进展，为加快推动我国城乡建设绿色发展、推进碳达峰碳中和奠定坚实基础。

一 提高新建建筑节能标准

在新建建筑节能方面，陆续开展各气候区居住建筑节能设计标准和公共建筑节能设计标准修订工作，相继发布《近零能耗建筑技术标准》《建筑节能与可再生能源利用通用规范》等相关标准，新建建筑能效水平不断提高，新建居住建筑和公共建筑平均设计能耗水平较2016年分别降低30%和20%，每年每平方米碳排放强度平均降低7千克以上。超低能耗建筑规模持续增长，近零能耗建筑实现零的突破，截至2021年底，节能建筑占城镇民用建筑面积比例超过63.7%，累计建设超低、近零能耗建筑面积超过1000万平方米。

二 推进既有建筑节能改造

在既有建筑节能改造方面，结合城镇老旧小区改造、北方地区冬季清洁取暖等工作，稳步推进北方采暖地区和夏热冬冷地区既有居住建筑节能改造。截至2021年底，累计完成改造规模超过16亿平方米。会同财政部、银保监会，先后启动三批32个公共建筑能效提升重点城市建设工作，大力推广合同能源管理，初步形成了市场机制为主、政府引导为辅的公共建筑节能改造模式。通过重点突破、全面带动的方式，全国累计实施公共建筑节能改造面积2.95亿平方米，每年可节约标煤115万吨，实现碳减排230万吨。

不断完善《民用建筑能耗统计报表制度》，大型公共建筑全部纳入统计，中小型公共建筑和居住建筑统计逐步扩大。会同财政部支持33个省市（含计划单列市）开展建筑能耗动态监测平台建设，累计实现对1.8万栋公共建筑能耗动态监测，为公共建筑能耗审计、公示、限额等工作提供了数据支撑。

三 推动可再生能源建筑应用

颁布《建筑节能与可再生能源利用通用规范》，明确要求自2022年4月1日起新建建筑应安装太阳能系统，促进可再生能源在建筑上的规模化高效应用。印发《农村地区被动式太阳能暖房图集（试行）》《户式空气源热泵供暖应用技术导则（试行）》，指导北方地区冬季清洁取暖试点城市建筑能效提升。截至2021年底，城镇太阳能光热建筑应用面积60亿平方米，浅层地热能建筑应用面积6.2亿平方米，太阳能光伏发电建筑应用装机3000万千瓦，城镇可再生能源替代率达6%。

四 开展绿色建筑创建行动，推动绿色建筑发展

会同国家发改委等 6 部门共同印发《绿色建筑创建行动方案》，明确到 2022 年实现城镇新建建筑中绿色建筑面积占比达到 70%。截至目前，共有 30 个省（区、市）发布了地方绿色建筑创建实施方案，并对地方创建工作落实情况和取得的成效开展年度总结评估，及时推广先进经验和典型做法。

2020 年会同人民银行、银保监会批复湖州市开展绿色建筑和绿色金融协同发展试点、青岛市开展绿色城市建设发展试点。湖州市先后推出"零碳建筑贷""低碳提效贷""碳中和贷"等 20 余款产品，发行全省首单绿色建筑"碳中和"债券。2021 年，湖州市绿色建筑贷款余额达到 259.14 亿元，同比增长 74.25%，带动全市新建绿色建筑占比达到 100%。青岛市先后与建设银行等 6 家金融机构达成战略合作意向，获得意向性绿色城市金融支持资金达 3500 亿元。2021 年青岛市 37 家主要银行机构绿色贷款余额同比提高了 13.7 个百分点。

五 积极开展国际合作

为解决公共建筑能效提升在政策、数据监测、技术推广、融资机制及能力建设等方面存在的不足，住房和城乡建设部与联合国开发计划署于 2018 年联合实施"中国公共建筑能效提升项目"。在完善公共建筑能效提升政策体系、健全能源绩效监测与评估体系、加强能效提升技术推广与示范，以及强化能力建设等方面取得了积极进展。截至目前，已实现二氧化碳减排 5.57 万吨、带动全国累计节约化石能源消费 652.3 万吨标准煤、创造 3600 个工作岗位等具体目标。

第二节 好享家：零碳建筑数智化系统服务商

好享家舒适智能家居股份有限公司（以下简称"好享家"）是五星控股集团旗下"新经济"代表企业，2009 年成立于江苏南京，2018—2022 年连续五年入选"独角兽"企业榜单。

一 好享家的基本情况

作为国内领先的零碳建筑数智化系统服务商，好享家通过智慧系统集成解决方案、信息技术产品、供应链服务等，为科技楼宇与智慧家庭提供整体集成解决方案，推动"双碳"背景下的零碳建筑数智化产业新发展。

好享家以"让建筑更绿色、更智能"为企业使命，结合双碳相关产业政策和智慧建筑、物联网、大数据等技术发展路线，不断探索物联网、大数据、人工智能等前沿技术的行业应用，在智慧暖通、智慧电力、智慧照明三大领域，提供包括高效机房系统、能耗管理系统、分户计费系统、配电组合式系统、停车场智慧照明系统等系统性解决方案和前期咨询、方案设计、设备采购、软件开发、系统集成及运行维护等全流程综合服务，广泛应用于智慧园区、智慧校园、智慧医院、智慧商业、智慧社区等智慧场景。

依托在国内暖通行业的深厚积累，好享家零碳建筑数智化系统服务已覆盖16省近100个城市，链接3000+会员企业，在全国范围内合作落地1000+中大型工程项目，持续引领产业链的高质量发展。

连续五年，好享家被南京市发改委评定为独角兽企业（2022年南京共17家）；被胡润研究院评定为全球独角兽企业（2022年南京共7家）；连续三年，被商务部门评定为中国产业数字化百强（2021年、2022年均位列第35）。2022年，被江苏省发改委评定为省级信用示范企业（南京共4家）；同年入选南京市优质场景—绿色低碳转型发展类项目；被36氪评定为WISE2022隐形冠军企业，被中国信通院+笔记侠评定为中国企业数智化创新TOP50，被亿欧评定为中国低碳科技创新企业TOP30等。

二 好享家的具体行动

好享家孵化的零碳建筑数智化系统服务品牌——橙智云，将建筑节能减碳、物联网、大数据等技术，与传统机电、弱电智能化系统集成解决方案相结合，实现新旧产业融合。通过丰富的会员资源和项目经验积累，橙智云已逐渐形成创新性的产品与会员服务模式。

（一）推动公共建筑的节能行动

根据《中国建筑能耗研究报告（2020）》，全国碳排放51%来源于建筑的全生命周期能耗，建筑绿色低碳、节能改造与3060碳达峰碳中和战略息息相关，超低能耗节能建筑、零能耗零碳建筑成为未来减少碳排放的重要抓手。其中，公建面积占全国存量建筑的20%，运行阶段碳排放占比39%，单位建筑面积碳排放量远高于城镇居住建筑、农村居住建筑，且过往十年，公建、城市居建的碳排放量持续增长。建筑运行阶段存在巨大节能提效空间，在"双碳"目标下，建筑智能化转型升级契合建筑能源节约需求。

橙智云通过人工智能、物联网和5G等先进技术与基础设施深度融合，将大力推进我国建筑的智能化转型升级。橙智云通过服务建筑节能改造项目，助力建筑节能减碳，成为国家"双碳"战略的亿万助推器之一。

（二）助力建筑机弱电中小企业的转型行动

建筑碳中和相关产业的市场容量近6万亿，其中，暖通、电力、照明等细分产业的市场规模、企业基数均较大，从业企业众多，但是规模小、极度分散、缺乏标准、技术规范，缺乏转型升级为建筑节能系统服务商的能力，传统建筑机弱电行业企业转型困难，难以跟上国家"双碳"战略步伐，行业规模化转型发展难。

当前应用于建筑全生命周期的"双碳"技术仍不够成熟，产业链效率不高。与发达国家相比，我国低碳建筑起步较晚，技术水平相对落后。行业技术"补短板、填空白"不仅需要时间上的积累，还需要实际落地项目的积累，建筑碳中和的技术路径亟待进一步解析与推广。

通过橙智云业务的快速发展，好享家累计拥有近3000家工程商会员，并帮助会员企业承接建筑节能改造项目，拓展增长边界。2023年，好享家的目标是通过建筑节能减碳、楼宇智能化改造的方式，带动核心会员企业服务1000个以上公建节能改造项目，助力建筑节能减碳，为行业转型发展发挥龙头企业的引领作用。

（三）助推传统暖通行业的产业升级行动

橙智云AiChange是好享家聚焦建筑领域节能提效的零碳建筑数

智化系统服务品牌。基于超高能效设备、AI 智慧节能、数字孪生等技术，依托两大核心自研平台——智慧能源管理平台和物联网管控平台，提供能耗监测、集中控制、节能优化、方案设计、智能化系统对接等企业级建筑低碳数智化解决方案，广泛应用于智慧园区、智慧医院、智慧学校、智慧社区、智慧商业等场景，助推建筑低碳数智化落地。

橙智云 AiChange 通过在智慧暖通、智慧电力与智慧照明等领域持续的智慧场景产品研发迭代，以及持续的高价值科技成果转化与应用，为零碳建筑数智化产业链上的数千个企业级用户提供集成化系统解决方案与服务，推动产业链上下游企业共享创新发展成果，帮助传统建筑机弱电行业企业向战略新兴产业转型升级。

（四）以系统化解决方案服务中小企业的赋智行动

橙智云自研的 AiChange 智慧能源管理平台，可接入暖通全场景子系统，切实做到对建筑用能情况实时监控、故障预警，实现运行优化、无人值守，保障能源系统的平稳高效运行，并可在线生成能耗报表，提供决策依据。同时，运用大数据分析以及 AI 人工智能学习，实现能源精细管理、持续优化、降本增效，提升建筑运营效率，综合节能率可达 30%。基于橙智云 AiChange 智慧能源管理平台，橙智云 AiChange 为行业众多中小企业提供多种零碳建筑数智化系统解决方案，帮助中小企业拓展业务边界渠道，共同承接低碳节能类项目与零碳建筑数智化系统方案。

1. 高效机房解决方案：橙智云高效机房控制系统，通过先进的高效节能集成技术＋智慧能源管理系统，将建筑物的暖通结构、系统、服务和管理根据客户需求进行最优化组合，可实现绿色、高效、智慧、便利、节省人工的高效机房控制系统。高效机房控制系统中，橙智云可将制冷机房全年平均能效提高至能效比 ≥5.5（传统暖通系统能效比 ≈3.5），当能效比从 3.5 提升至 5.5，暖通能耗下降 25.45%，建筑能耗下降 12.73%。

2. 自控系统解决方案：以橙智云平台架构为基础，搭载华为云服务，使用橙智云智能设备应用在控制层中，依托于边缘计算控制及算法能力，实现对暖通设备的运行状态监测、运行效率提升及故障预判等精细化管理以及楼宇设备的智能化控制。

3. 氟机集控解决方案：通过安装空调控制器、智能控开等智能设备，经过橙智云云络智能网关连接橙智云智慧能源管理平台，对VRV中央空调、分体空调等设备实现远程集中控制、定时控制及执行节能策略。

4. 分户计/付费解决方案：橙智云分户计费系统包括用能层、采集层、通信层、网络层及应用层，采用物联网及大数据技术，实现对建筑中高耗能的空调设备及其他用电、用水设备计量和能耗管理，为客户提供完整的解决方案。

5. 停车场智慧照明系统解决方案：橙智云停车场智慧照明系统应用"云+边+端"一体化技术，实现停车库照明场景中节能灯具联动亮灯、远程控制、故障告警、能耗管理等功能，满足物业/甲方节能需求的同时，提升停车库用户体验感。

（五）助力中小企业提升科技力的创新行动

橙智云 AiChange 不断强化技术创新能力建设，产融并举，通过"技术创新和产业链提效"双轮驱动，推动科技成果转化。一方面，将低碳零碳负碳技术、物联网、大数据、数字孪生等技术，与传统机电、弱电智能化系统集成项目结合，促进建筑产业绿色低碳发展；另一方面，开发节能控制、智能软硬件、算法优化等核心技术，实现建筑节能减碳，助力产业降本增效。

通过"项目需求+会员需求+产品研发""三位一体"的产品开发应用模式，以及项目服务模式，橙智云 AiChange 帮助传统企业有能力承接建筑节能项目，不断开发适应会员需求的一系列数智化系统产品和服务，驱动各类型建筑的节能减碳和产业链科技创新并实现多项自有知识产权研发和科技成果转化。

企业注重科技创新成果体系化转化，以科技驱动业务增长。目前好享家与旗下全资子公司共拥有 500 余项知识产权，其中专利、软著等 100 余项，含授权专利 20 余项，且 80% 以上为发明专利，万人发明专利拥有量是南京市平均水平（数据截至 2022 年 9 月底）的近 6 倍，是江苏省 2022 年平均水平（数据截至 2022 年 12 月底）的 13 倍。企业积极承担行业责任，引领行业标准化建设，参与十余项行业标准的制定与发布。

目前，橙智云 AiChange 通过自研智慧能源管理平台，帮助会员企业共同为全国超 1000 个大中型项目提供智慧系统集成解决方案、信息技术产品、供应链等服务，推动"双碳"背景下的零碳建筑数智化产业新发展。到 2025 年，橙智云 AiChange 的目标是服务更多会员企业，并带领这些中小企业落地更多双碳相关项目，力争成为聚焦于建筑碳中和领域的"专精特新"龙头企业。

三 好享家的行动效果

橙智云 AiChange 目前已在全国范围内应用于多个公共建筑与商业建筑，如江苏省南京市南京汽车客运南站、浙江省杭州市美迪西生物医药杭州中心、浙江省宁波市东部新城门户区南区 TF 办公楼、四川省德阳市东方汽轮机有限公司汉旺生产基地、四川省广安市广安利尔循环产业园、湖北省武汉市青年路房开大厦、安徽省淮南市淮南迎宾馆等，取得了良好的效果。

场景一：徐州高新区管委会办公楼项目。徐州国家高新技术产业开发区成立于 1992 年，是经国务院批准的国家级高新技术产业开发区。管委会办公大楼位于产业园核心区域，为总高 17 层的行政办公建筑。因建筑建成时间较久，暖通系统图纸缺失，空调品牌较多，系统环境十分复杂。2022 年，橙智云 AiChange 中标"徐州高新区管委会合同能源管理项目"，为该大楼空调系统进行升级改造，提供从咨询、勘查、设计、实施、调试、培训到运维跟踪的暖通改造全生命周期服务。针对项目使用的氟系统中央空调，橙智云打造轻量化的实施方案，通过 Lora 无线传输方式，无须大规模弱电系统改造，就可将设备相关数据传输到橙智云平台，并通过橙智云空调能效监管专利技术（专利号：ZL202210559875.X）实现节能减碳，节能率最高可提升 15%。结合空调使用功率以及既往空调耗能情况，每年预计可节约 75 万 kW·h 用电量，减少碳排放 413 吨，相当于每年新增植树 1148 棵。作为合同能源管理项目，橙智云将持续跟进项目系统使用情况及节能效果追踪，协同徐州高新区管委会共同打造绿色低碳办公楼。

场景二：无锡东岭锡上购物中心项目。东岭锡上购物中心以"双子塔"的造型成为无锡地标建筑之一，是集商业、公寓式住宅、办公于一体的城市综合体。项目总占地面积约1万平方米，总建筑面积高达18万平方米，由两座塔楼及部分裙楼组成，总高248米。橙智云为该项目双塔7—63层提供氟机中央空调能耗管理系统，顺利解决了该项目因合作方无法提供符合项目技术要求的空调能耗管理软件系统，而面临可能出现交房延期窘境的问题。橙智云根据项目需求提供自研能耗管理系统及智慧能源管理平台与一站式工程服务。其中，橙智云自研的"橙"系列能耗管理系统柜，采用"时间型"计费方式，通过安装橙智云自研氟机中央空调控制器、云络智能网关+橙智云分户计费专利技术，实现精准计费和氟机集控；智慧能源管理平台则可顺利实现：①空调控制：远程控制空调启停，实现定时控制、温度调节等；②能耗监测：自研云络智能网关精准采集智能设备数据，上传橙智云平台；③计费账单：按租户出具计费账单，提供多维度计费账单，满足收费及对账需求；④可视化报表：可根据实际需要查询/生成运行时长，生成多类型统计图表；⑤缴费小程序：采用橙智云"智+"智慧低碳能源管家，接入京东支付实现缴费充值。项目交付后，可实现按户、按需精准计量，提供在线管理平台，用能管理信息化；实现设备远程监控，故障信息快速预警，减少人力成本；业主可通过小程序查看用能情况、实现在线充值缴费；结合橙智云算法，节能高效运行，用能报警提示异常，设备运行效率直观显示，帮助该商业建筑实现节能提效。

场景三：南京汽车客运南站项目。以南京汽车客运南站项目为例，基于现客运站与站内地下商业两类用户共用一套冷热源系统，无法精准区分用能情况，原有设备未接入监管平台，无法实现远程在线用能数据采集，且原有冷热源系统能耗较大，需要升级改造等痛点，橙智云采用智慧能源管理系统，为其提供分户计费解决方案。接入流量计、超声波水表、智能采集器等硬件设备，计量各区域的冷热水流量，实现对项目水、电、蒸汽和流量等数据的采集和统一监管，实现冷（热）水流量计、水表、蒸汽流量计、电表等计量仪表数据的采集、记录、存储和管理用能数据，并输出可视化报表。经过改造后，长途汽车南站和地下商业可进行用能区分，为能源费用的分摊提供依据，并通过橙智云提供的智慧节能算法，降低能耗费用。此外，还实现运维管理人员远程在线抄表，助力管理层利用报表进行用能分析，降低运维成本，提高了用能管理效率。

场景四：美迪西杭州中心——生物实验室项目。在美迪西杭州中心——生物实验室，为满足实验室常年恒温恒湿及部分实验区域保持负压环境的需要，精密仪器区需要有足够量的洁净空气的暖通自控系统，橙智云 AiChange 提供了包含控制系统及触摸屏组态软件的编程定制开发，温湿度传感器、风阀执行器、气体压差变送器等传感设备，DDC 控制器、输入输出模块、网关路由器、系统专用电源等控制设备的一整套软硬件数智化系统与调试运营维护。通过精准控制，实现恒温恒湿、恒定风量及负压系统，打造洁净实验环境，满足实验环境需求；结合触摸屏实现运行状态可视化监控，故障报警推送，减少人力投入，降低运维成本；在保证通风和恒温恒湿的基础上，结合橙智云算法和策略，实现实验室暖通系统的节能减碳。

第三节　菲尼克斯电气：智慧楼宇解决方案供应商

楼宇减碳，未来已来。基于物联网的楼宇管理系统，是实现未来楼宇可持续、强韧性、超高效、以人为本的关键所在。在信息化、数字化浪潮下，菲尼克斯电气助力楼宇迈向低碳之路。

一　菲尼克斯电气的基本情况

菲尼克斯电气 1923 年成立于德国，始终坚持独立自主、创新创造和信任伙伴的文化理念，是全球电气化、网络化和自动化技术与市场的领导者，工业 4.0 的核心参与者和推进者，全球首批九家智能制造"灯塔工厂"之一，隐形冠军的代表。

菲尼克斯电气中国公司 1993 年扎根南京，坚定"信任 = 责任"的理念，员工 2300 余人，100% 本土团队，100% 本土管理，是集团海外最大的研发和制造基地、集团三大竞争力中心之一、跨国公司国家级地区总部。公司拥有电气连接、电子接口、工业自动化、电动汽车智能充电解决方案、智能制造和数字工业解决方案等核心竞争力，发起成立智能战略推进联盟和以投资为纽带的生态赋能共创会，架起中德合作的桥梁，全力推进"智改数转"，从"政产学研用"全方位打造智能产业生态。

菲尼克斯电气从产品、技术和解决方案的角度，全面推进赋能全电气社会，比如：聚焦风电、水电、光伏等绿色清洁能源的生产、运输和储存；推进 PLCnext 和 Proficloud 在各领域的应用，降低能耗和提升效率；推进 Emalytics 智能楼宇能效管理系统，全面提升建筑能效；打造融合"机电软云"的智能制造和数字工业解决方案，提升制造行业的品质和效率；推进电动汽车智能充换电解决方案，提升充换电的安全可靠性和用户体验。

二 菲尼克斯电气的具体行动

在"精益、绿色、数字化"的生产战略指导下，2022 年 6 月 23 日，宝马集团华晨宝马铁西 Lydia 工厂正式开业。该项目总投资达 150 亿元人民币，是宝马集团在中国历史上最大的单一投资项目，中国沈阳成为宝马集团全球最大的生产基地。宝马集团设定的目标是：到 2030 年，将每辆车整个生命周期的碳排放量与 2019 年相比减少 40%，因此，可持续发展的理念也体现在 Lydia 工厂中。菲尼克斯电气为 Lydia 数字化工厂设计了基于 IOT 的 Emalytics 智能楼宇能效管理系统（简称为"Emalytics"）。

（一）节能：降低工厂运营能耗和管理成本

Emalytics 用于楼宇基础设施的预编程组件库可集成能实现峰值负载和负载管理轻松编程的功能块，从而将工程成本降至最低。Emalytics 生态系统具有提供常用供暖、空调和通风技术的功能库，包括用于构建显示器的相应系统符号。

宝马铁西 Lydia 工厂使用的 Emalytics 系统提供了许多特殊的节能工艺算法。比如，在 Emalytics 系统中有一个专门的 Free Night Cooling（夜间系统节能）模式，在较为凉爽的夏季根据室内外温湿度自动判定系统启动条件，可以让室外较低温度的新风冷却室内的环境，节省制冷机系统启动的能源。

Emalytics 系统中还有一个工艺功能包,将空调机组的加热单元、制冷单元、回风阀单元以及热回收轮放在一个工艺功能块里连锁控制,以便在寒冷的冬季或炎热的夏季尽可能多地从室内回风中回收热能或冷能,有效降低锅炉或冷机系统的能耗。

(二)舒适:为楼宇提供舒适的温湿度环境

菲尼克斯电气将整体楼宇系统设计和智能数据使用及现代化自动化技术进行了有机结合,显著降低了楼宇使用中的运行成本。低能耗还可保护环境,楼宇中的空调和百叶窗可根据环境的变化和人们的需求实现智能化按需调节,从而给人们带来更加舒适的体验。

在宝马 Lydia 工厂的建筑照明系统中,室内灯光可以根据光照度和人体感应探头自动调节灯光开关和亮度,同时在办公区域的灯光可以根据时间自动调节色温,在早上和午后使用冷白色的灯光,激励室内人员在很好的氛围和状态下工作,在中午和下班后使用温暖的灯光,让人感到放松。这些灯光的调节都是通过 DALI 照明总线直接接入 ILC 2050 BI 控制系统,不但便于布线,还可以实现灯光调节,并且数万盏 LED 灯具的状态也可实现远程监测,大大降低了维护成本。

(三)安全:提供突发故障的预防和监管控制手段

在 Emalytics 系统中,不但可以监控到各个智能设备的运行状态和能耗数据,而且各设备的状态和诊断信息也一应俱全,对于一些重要参数(如运行温度、震动、扭矩、运行时间等值)会做比对和记录,如果发现某台设备连续出现极限值时,会发出智能判断并告警。

当出现警报时,系统不但会在 Emalytics 一体化平台上显示,而且会根据警报的级别自动发邮件或短信到维护人员的智能终端上,从而实现预防性维护。当故障发生时,系统会直接提醒故障信息,避免没出故障靠巡检、出现故障不知如何处理的情况。

(四)高效:提高设备运行效率、减少管理人员数量

Emalytics 系统通过基于物联网的 ILC 2050 BI 控制器接收现场层生成的数据。该 Inline 控制器通过特定设备专用的 Modbus/RTU、LON、KNX、M-Bus、DALI 和 EnOcean 等协议将传统传感器技术和执行器技术结合在一起。该控制器中新增了 Inline 系列的相应通信模块。基于 IP 的新型智能设备也可轻松集成到 ILC 2050 BI 中,Inline

控制器将各种标准格式的数据发送给 Emalytics 系统，通过将现场设备集成到基于物联网的控制器中，可显著减少工程量和布线时间。

开放的物联网 IoT 平台可以将 AR 技术和几乎无限制的可视化轻松集成到现有楼宇控制系统，AR 技术可以让维护人员解放双手，并可以在移动过程中获取楼宇系统的相关信息，简化技术性维修并实现有效的楼宇管理，大大提高了人员管理效率。

（五）灵活：系统具有良好的扩展性

Emalytics 系统不仅是楼宇管理软件，还是 PLC 编程开发环境，其集成了楼宇行业工艺功能块。面向对象的编程方式和用户友好的软件界面大大缩短了工程时间，提高了编程效率。开放的软件结构留给用户极大的开发空间，提升了扩展性，用户可以通过 JAVA 编程实现各种用户自定义的功能。基于 HTML5 技术的上位监控网页具备极好的跨平台性，用户可以随时随地使用各种终端设备实现数据监控。另外，对于熟悉网页技术的用户使用起来也更加灵活。

菲尼克斯电气 Emalytics 智能楼宇能效控制系统拥有经典的工业级模块化设计，支持众多行业通信协议，结合德国工匠数十年经验的独特算法工艺包，帮助宝马铁西 Lydia 工厂和现代楼宇实现真正的低碳和数字化，基于 IoT 的众多功能也将创造更多无限可能。

三　菲尼克斯电气的行动效果

Emalytics 为楼宇数字化基础设施的所有核心元件提供一个平台。基于物联网的框架可控制、评估和处理各个子行业所需的全部数据和信息。简单的工程设计以及一个适用于楼宇中所有流程和应用的平台能带来许多益处。

在数字化工厂中，高度互联的智能数据生态系统集成从设备、流程和技术收集的数据，并进行自动处理和分析，以实现从制造到物流的全价值链的优化升级。而员工则将通过自助数字化工具和数据平台实现数据驱动型决策，享受更加安全健康的工作环境和更加智能灵活的工作方案。宝马 Lydia 数字化工厂由数字化平台统一赋能，支撑数字化规划、数字化生产、数字化物流与数字化园区的运行与互通，构建万物互联的生产运营模式，全面提升生产效率及产品质量，实现商业价值与用户价值的双重增长。

宝马 Lydia 工厂数字化园区通过集成建筑设施管理、智能办公系统和能源管理等数字化体系，创建一个更加节能环保、以人为本的绿色工厂。宝马 Lydia 工厂正是采用了菲尼克斯电气基于 IOT 的智能楼宇 Emalytics 系统，将新建的冲压车间、车身车间、涂装车间、总装车间和外部基础设施连接于一体，对于暖通空调系统、照明系统、能源管理系统及其他辅助系统进行数据采集与集中控制，助力宝马新工厂成为全球最具数字化效率的汽车工厂之一。

智能楼宇的联网程度日益提高，可提供整体解决方案的合作伙伴变得愈发重要，智能楼宇管理方案需涵盖从现场侧、楼宇自动化到楼宇管理和运营等各个层面。无论是电工、系统集成商、规划人员、建筑师还是房地产开发商，各方人员只有通力合作才能建造和运营高效、智能且可持续的楼宇。这也是菲尼克斯电气将诸多功能集成至同一智能楼宇物联网框架中的缘由，从而可实现全面楼宇自动化。用于自动化、电能监测、数据采集以及系统、设备和组件的安全连接，助力用户拥有更低的运营成本和更舒适的体验。

Emalytics 智能楼宇能效管理系统和 ILC 2050 BI 智能楼宇控制器是一整套全新的智能工厂楼宇系统解决方案，基于 IoT 最新技术，如 OPC UA 通信、MQTT 通信、室内导航、AR 虚拟现实技术、边缘计算技术等，为制造业数字化转型带来更多可能。

第四节　易司拓：能源消费和能效提升管理者

南京易司拓电力科技股份有限公司（以下简称"易司拓"）推出能源消费管理和能效提升整体解决方案，为供用能服务质量提升、营商环境改善、节能减排和提质增效提供产品和服务支撑，为国家"双碳"目标贡献力量。

一　易司拓的基本情况

易司拓成立于 2011 年 10 月，位于中国（南京）软件谷云密城易司拓大厦，是智慧能源领域能效监测、评估与优化提升方向的高新技术企业、软件企业、江苏省研发型企业、南京市培育独角兽企业。易司拓拥有5个省级研发中心和研究生工作站，拥有专利和软著80多件，获得省部级科技进步奖6项、省优秀软件2个，主持省部级科研项目19项，参与制定行业标准10项。

易司拓以双碳、双控、产业数字化为契机，公司利用云计算、人工智能等技术，基于"易电云"能源工业互联网云平台，面向园区、楼宇、公共机构、工业企业等各类能源消费主体，以配用能"自动化—信息化—数字化—智能化"为技术路线，主要应用范围包括：

（1）配用能站房数字化改造与智慧运维：推进水电气等配用能设备、站房环境及视频等数字化建设，配置能源管家，开展线上线下一体化智慧运维，实现无人或少人值守，提升配用能运行的安全性、可靠性和经济性；

（2）配用能分项计量和能耗分析：基于分级分类分项全面计量自动化建设，开展电平衡、水平衡和损耗分析，开展耗能组成分析，支撑定额管理、优化控制和绩效管理，实现管理节能；

（3）电能质量监测分析与综合治理：通过电能质量监测及时发现、准确定位园区、楼宇、工业企业电能质量问题，开展综合优化治理，提升配用能电能质量和用能体验；

（4）节能改造辅助决策与能效提升：开展空调、照明、数据中心、厨房等节能改造的智能辅助决策，推进工业企业生产管理的有效融合，实现精益改造节能，提高能源使用效率；

（5）清洁能源开发与零碳融合：充分利用屋顶、车棚等资源，开展分布式光伏开发，集成充电桩、储能等集中建设，推进光储充数字化建设与智慧运维，提升消纳能力、缩短回收周期，落地零碳行动。

二 易司拓的具体行动

目前，易司拓已经针对园区、楼宇、工业企业和公共机构等几类示范场景，覆盖数字化改造、智慧运维管控、清洁能源开发等业务，帮助用户实现绿电自主消纳、低碳降耗管理，智慧运营与运维节约设备成本管理。

（一）园区场景的应用

2543家国家级和省级工业园区，二氧化碳排放量占全国的31%，是完成"双碳"目标的一块硬骨头。《2030年前碳达峰行动方案》提出打造100个城市园区碳达峰试点，2022年更是低碳零碳园区元年，近20个省市作为政府工作报告发展重点，园区也以更加积极创新的模式掀起新一轮发展热潮。根据《低碳园区评价指南》要求，零碳或低碳的能源供应是基础，智能数字化技术的管理体系是建设、运营的关键支撑。

（1）建设路径

管理方面，园区实现全面数字化精细管理；碳汇方面，多增加创造碳汇项目；建筑方面，尽量降低能耗，提高能效；能源方面，尽量高比例使用再生能源。

（2）解决方案

开源方面，光伏发电、储能利用、地源、水源、空气源、余热回收；节流方面，保温维护、电梯反馈、高效照明、垂直绿化、控制节流；增效方面，能源可视化、运维托管、设备增效、管理增效、优化调度运行。

（3）全景感知

全面推进能源消费侧数字化转型，开展配用能系统自动化、能源资源消费信息化、设备运行与效能数字化、运维和节能改造智能化的顶层设计，基于易电云能源工业互联网云平台，实现配电站房保护测控、计量、温湿度、水浸、烟感等环境及视频监测；实现各配用能节点水电气分项监测，实现屋顶分布式光伏、充电桩的实时监控，摸清能耗家底，明晰双控差距，明确双碳路径，支撑开源节流。

（4）智慧运维

实施精确化感知—精细化管理—智慧化服务。依托配用能数字化的基础支撑，配套云平台集中监控，推进无人、少人值守（趋势）；配置专业能源管家，开展"线下+线上"一体化主动运维和托管，兼顾分布式光伏维护，每个站房年节约运维成本约30万元；多个园区、楼宇集约化运维，经济和社会效益更加明显。确保配用能设备安全、高效、可靠运行，节约设备成本5%—10%；实现管控节流增效，能源效率最大化，落实管理节能和技术节能。

（5）平衡与费控

基于全景数字化，实现水、电、气、冷、热、充电桩等能源消费的集中抄收、平衡统计，通过费控机制实现少费欠费告警、欠费跳闸、手机支付、线上缴费，解决人工抄表繁杂、抄表准确率和完整率不高、收费难、收缴率不高、管理不清晰等问题，减少跑冒滴漏，降低公摊费用，实现管理节能5%左右；尤其将前期垫资后不定期收缴的费用，变为提前收取，提高财务收益3%左右；如进一步融合物业、租金，财务收益更加明显。

（6）能效优化提升

在配用能数字化建设的基础上，基于大数据、AI技术开展负荷特征分析、行业比对、可移动负荷识别，挖掘节能节费潜力；开展无功优化、电能质量治理、削峰填谷等辅助决策、效益预估、治理成效评估，整体节能达5%—10%，最终实现节能增效、绿色高质量发展。

（二）楼宇场景的应用

易司拓大厦基于空调系统实现开关、温度的集中统一控制，节能18%；停车场照明改造（灯管常亮改造为3W微亮＋感应18W全亮）节能50%；通过补偿、三相平衡调节等措施，确保功率因数水平，实现管控节能。整体设备和管控节流约15%＋开源10% ＝总节能约25%。

易司拓大厦屋顶光伏坚持宜建尽建、集中开发、示范引领的建设定位，集成智慧光伏监管平台，实现设备运行、发电处理的数字化，支撑智慧运维、专业管理，确保稳定运行、投资利用最大化。

主要措施包括：一是利用屋顶光伏，提供能源；二是运用节能材料、内墙保温，增强建筑材料效能；三是通过管控系统、节能改造，提升空调照明效能；四是运用平衡分析、优化控制，提高物业运营效能。

（三）公共机构场景的应用

根据国管局各级公共机构能耗管理要求，结合节能型机关、节能示范单位、能效领跑者创建目标及能耗定额标准，定额分解到楼宇、部门、楼层、科室；基于分级、分类、分项计量感知结果，开展排放总指标、单位面积、人均耗能和排放指标统计，开展不同楼宇、不同部门、不同单位能效指标比对，引导和约束值差距分析；通过完善的定额管理，推进管理节能，提升公共机构整体能效水平。

易司拓承接了瑞金北村小学屋顶光伏项目，是南京市首批建设屋顶分布式光伏的中小学。在项目建成后，下一步将进一步打造双碳示范学校、双碳科普基地。同时，也承建了南京市市委党校屋顶光伏项目。

三 易司拓的行动效果

首先，通过站房集约监控和智能运维，提升自动化水平，降低成本。综合能源配用能站房全景自动化监控和智能运维逐渐成为配用能工程的标准配置，逐步替代原有站房人工巡视、专人值班模式。通过"双碳"背景下安全低碳高效能源消费管理体系的建设，实现配用能站房的信息化、数字化改造。通过 7×24 小时远程云端集中监控，实现线上线下一体化智能化、集约化运维，通过无人或少人值守、异常告警、操作队处理服务，替代人工定期巡检、人工运行抄录、人工经验判断，提高运行维护效率，每个站房每年可节省约40%的运维费用；实现配用能设备 7×24 小时的智能运行值守，实现设备状态评估，完善设备缺陷管理，实现设备安全运行的系统性、规范性维护管理，提高设备运行的可靠性、经济性、安全性，通过设备全寿命周期管理和状态检修延长设备寿命，节约设备投入成本，可节约5%—10%的设备成本。

其次，通过平衡和费控管理，提升能效管理水平，实现管理节能。"双碳"背景下安全低碳高效能源消费管理体系有助于实现能源数据远程自动集抄与平衡管理、损耗统计分析；通过费控管理实现缴费结算、少费预警、欠费告警、远程控电、远程或现场充值。安全低碳高效能源消费管理体系解决了人工抄表、人工判断、历史数据不能电子化保存、无人对运行数据进行分析诊断的问题；实现用电预付费，避免电费催缴麻烦、后付费用户流失的电费损失的问题；实现用电平衡、能耗统计和分析，及时发现计费表计故障、偷漏电等问题，提升整体能效；减少人工抄表的人工成本，提高整体自动化管理水平，使供电保障和电费管理更透明、更精细。整体可实现0.5%—2%的管理节能效益，针对物业代收业主自付费情况可实现5%左右的财务收益。

　　再次，通过智能决策，推进电能质量优化和节能改造，实现技术节能。利用"双碳"背景下安全低碳高效能源消费管理体系采集的大量能效数据，开展能源用户智慧能效分析。充分应用电力大数据+人工智能手段建立能效分析和管控模型，开展大数据聚类方向的负荷特征分析、归类分析和行业比对分析；挖掘电力用户的节能节费潜力，有针对性地调整用能策略、降损策略、无功补偿策略，开展电能质量优化、降损优化，以最终完成节能减排、降低损耗、挖潜增效等目标，帮助企业降低能源成本，充分发挥平台价值，服务国家"双碳"宏伟目标。通过该管控模式，部分用户可实现5%以上的节能节费效益。

　　最后，贯彻绿色新发展理念，推进光储充一体化建设，服务"双碳"目标。通过"双碳"背景下安全低碳高效能源消费管理体系建设和应用，推进软件行业向场景化发展，且场景软件化与工业化、数字化逐步融合，与安全可靠、优质经济、清洁低碳、节能高效的能源高质量发展方向融合。坚持节能优先，引导用户主动节约用能，推动将节能指标纳入生态文明、绿色高质量发展等绩效评价体系，合理控制能源消费总量；加强能效管理，加快高耗能行业用能转型，完成光储充的试点建设，提高绿电占比，提高整体能效。

第八章　高成长企业推动交通运输绿色低碳行动

交通运输领域是碳排放的重要领域之一，推动交通运输行业绿色低碳转型对于促进行业高质量发展、加快建设交通强国具有十分重要的意义。高成长企业在推动运输工具装备低碳转型、构建绿色高效交通运输体系、加快绿色交通基础设施建设等方面做出了诸多探索，其中 T3 出行、云快充、中储智运、开沃集团等是典型案例。

第一节　交通运输绿色低碳行动总体成效

一　改善绿色交通基础条件

一是推广新能源和清洁能源运输装备。近年来，城市公交、出租车和货运配送成为我国新能源汽车应用的重要领域，使用量超过 120 万辆，城市公交车中新能源车辆占比超过 66%，水运行业应用液化天然气（LNG）也在积极推进，内河船舶 LNG 加注站达到 20 个。

二是推进绿色航道建设。在长江等内河航道整治工程中广泛应用生态护岸、生态护滩、人工鱼礁等新材料、新技术、新结构、新工艺，形成了以荆江生态航道和长江南京以下 12.5 米深水航道建设工程等为代表的一批绿色航道工程。

三是推动靠港船舶使用岸电。截至 2020 年底，全国港口和水上服务区具备岸电供应能力泊位约 7500 个，其中长江经济带共建成岸电泊位 4700 余个。长江游轮、大型客运码头以及京杭运河水上服务区基本实现岸电全覆盖、全使用。

四是推广电子不停车收费（ETC）应用。截至 2020 年底，全国累计建成 ETC 专用车道 32465 条，发展 ETC 用户 2.25 亿。经初步测算，2020 年，累计节约车辆燃油约 18.71 万吨，减少碳氢化合物排放约 1482.16 吨。

二 优化交通运输结构

一是铁路货运量占比不断提高。2020 年，全国铁路货运量为 45.52 亿吨，在全社会货运量中占比由 2017 年的 7.7% 提高至 9.7%，铁路承担的大宗货物运输量显著提高。

二是水路货运量快速增长。水运具有运能大、单位运输成本低、能耗小、污染少的比较优势。近年来，我国加快完善内河水运网络，水路承担的大宗货物运输量持续提高。2020 年，水路货运量达 76.16 亿吨，超额完成"三年行动计划"提出的目标。

三是多式联运稳步发展。铁水联运、公铁联运、空铁联运、江海联运等运输组织模式创新发展，2020 年，全国港口完成集装箱铁水联运量 687.2 万标箱，同比增长 29.6%。

四是货运更清洁，客运更绿色。目前，全国公交运营线路长度达 148 万公里，公交专用道超过 1.6 万公里，服务保障能力明显提升。北京、上海等 6 个城市轨道交通客运量占公共交通的比例超过 50%。

三 积极引导绿色出行

一是落实城市公共交通优先发展战略。深化国家公交都市建设，加快绿色交通基础设施建设，推动各地加大公共交通发展投入力度，加强政策支持，倡导公共交通引领城市发展的模式。目前，已有 46 个城市被命名为"国家公交都市建设示范城市"，51 个城市开通运营城市轨道交通里程 8735.6 公里。

二是推广节能低碳型交通工具。加大新能源汽车在城市公交、出租汽车等领域的推广应用力度，全国新能源公交车占比超过 71%。开展城市绿色货运配送示范工程创建工作，截至 2021 年底，16 个示范城市和 30 个示范工程创建城市累计新增新能源物流配送车辆 12 万辆，保有量超过 27 万辆。充电基础设施方面，截至 2021 年底，我国累计建成各类充电基础设施 261.7 万台。

第二节 T3出行："数字化＋绿色化"协同驱动出行变革

网约车作为公共交通的重要组成部分，能够为人们的出行提供方便、快捷、个性化的服务，有利于满足人民群众日益增长的美好生活需要。然而，网约车年均行驶里程高，绝大部分行驶在城市中心人口密度大的地区，给大气环境带来了直接威胁，空驶时段也造成了能源消耗。在当前的"双碳"目标之下，如何降低网约车排放量并提高网约车能源利用率成为重要课题。南京领行科技股份有限公司（以下简称"T3出行"）在新能源汽车应用、出行数字化建设等方面进行了一系列探索。

一 T3出行的基本情况

T3出行是在国务院国资委、工信部和科技部三大部委指导下，由中国第一汽车集团有限公司、东风汽车集团有限公司、重庆长安汽车股份有限公司三家央企牵头成立的智慧出行企业，于2019年4月在江苏南京成立，注册资金52亿元人民币。截至2022年底，公司业务在全国106座城市运营，拥有合规运营车辆73.5万辆，其中新能源汽车占比超过70%，位居中国新能源车辆运营商第一名。平台累计注册用户数超过1.2亿，日订单突破300万单，位列网约车行业第二名。公司年营收超过百亿元，入选毕马威中国领先汽车科技50企业榜单、胡润全球独角兽榜等榜单。

相较于市场现有出行平台，T3出行具有独特优势：一是安全合规优势。T3出行一直坚持合规运营，双证合规率达85%，在日均订单超过30万单的规模级网约车平台中名列第一。T3出行与三大运营商及华为云等内资企业合作，在数据采集、传输、存储、使用等方面建立起包括风险评估、监测预警、应急处置、安全审查等在内的全流程网络与数据安全管理制度，目前已取得公安部核准颁发的"国家信息系统安全等级保护三级备案证明"以及ISO27001信息安全管理体系认证。二是车联网技术优势。T3出行所使用的自营车辆是主机厂为出行市场深度定制开发的车辆,依托软硬件一体化的车联网架构,车辆出厂即带 V.D.R 安全防护系统,集成人脸识别、路径偏移预警、物理一键报警、行为异常报警等多项安全功能,并可实现出行三要素"人、车、路"的数据联通,不断积累车辆使用、司机驾驶习惯、乘客出行习惯等数据,逐步形成大数据分析和运营能力,实现保障司乘安全、乘客享受优质体验、车辆高效运营、平台优化成本的目的。三是商业模式优势。T3 出行采用 B2C 模式运营网约车,与有资质的大型服务企业合作,统一管理、统一运营、统一维保。通过标准化车辆及司机管理,向乘客端持续输出高标准化服务,为乘客带来高品质、高效率、高安全的出行体验。

二 T3 出行的具体行动

当前,我国经济已由高速增长阶段转向高质量发展阶段,数字化与绿色化协同发展是"数字化"和"绿色化"两大发展趋势逐渐融合演进的自发过程。在这一趋势引领下,T3 出行走出了一条以数字化赋能绿色化、以绿色化驱动数字化的双化协同发展之路。

(一)绿色化发展:扩大新能源汽车在公共领域的推广

推广应用新能源汽车是促进我国实现交通强国、推动交通运输高质量发展的战略选择。T3 出行创立伊始就以绿色化为发展目标,通过应用新能源汽车实现网约车行业能源结构转型,继而带动数字平台发展及共享出行方式变革。

目前,T3 出行合规运营的新能源车辆约 51 万辆。按照四川能投测算,一辆新能源网约车每年碳减排 4.7—8 吨,51 万辆电动网约车减排总量为 240 万—408 万吨,相当于每年多保留天然林至少 550 万亩。

为提升司机使用新能源汽车的动力,T3 出行还开发了一款"车碳榜"司机激励应用。该应用可根据车的碳排放量换算车辆的绿色积分,累加得到当地的日、周、月和总排行榜。对于排名靠前的车辆,T3 出行将对其司机给予额外激励。以车辆为主体进行排名,不但体现了不同型号车辆本身排放标准和出厂参数的差异,也可以与未来进入无人驾驶时代无缝衔接。

表8-1　　　　　　　　　纯电动网约车碳排放计算方式

网约车类型	能耗	计算方式	碳排放
传统燃油车	网约车市区：7L/100Km	以92号汽油为例，汽油密度一般为730g/L，730g汽油完全排放的二氧化碳质量为2.254Kg，燃油车每100Km碳排放约为2.254×7=15.78Kg	15.78Kg/100Km
纯电动汽车	网约车市区：13kW·h/100Km	发电厂每度电产生的碳排放为847.7g，电动车实际充入1kW·h电能的碳排放量为825.5g（国内80%电能为火力发电，以及充电损耗等）。长安逸动EV460系列车电池容量53kW·h，续航里程405Km，新能源车每百公里排放碳大约为825.5g×53/405×100/1000=10.80Kg	10.80Kg/100Km

"车碳榜"应用的核心是碳减排放计算规则，如：

每单碳减排量=新能源车碳减排单位系数×本单有效里程

本单有效里程=［本单计费里程×系数1-本单接驾里程×系数2-本单等待上车时间×（本单计费里程/完单时间）×系数3］×本单乘客人数×系数4-每单平均巡游里程×系数5-每单平均离线里程×系数6

无论是出租车、带车加盟、租车加盟抑或其他合作车辆，通过T3出行的V.D.R车联网系统和低代码数据服务平台，都可以快速获取计算规则中的因子参数。对于各个系数的获取，若仅作为积分应用则可以由企业自行定义；若接入政府碳积分系统，则可与当地政府一起协商制定系数规范。

未来，基于"开放共享"的发展理念，T3出行还将推出覆盖智能验车、智能充电、司机服务、维保、车险、支付、二手车置换等一体化出行运力发展生态体系，带动上下游产业链共同实现绿色低碳转型。

随着汽车电动化与智能化的融合发展，自动驾驶出租车正在进入一个快速发展的重要机遇期。自动驾驶出租车的应用可以提高汽车利用率，释放城市空间，促进节能减排。现代技术和环境下，一辆智能共享汽车平均可以替代 2.4 辆私人汽车；在未来，一辆智能共享汽车最多可以取代 11—14 辆私人汽车。交通效率的优化也将减少车辆在运行中排放的尾气，为环境改善和能源节约带来重大价值。据麦肯锡预测，自动驾驶汽车每年帮助减少 3 亿吨温室气体排放，相当于航空业二氧化碳排放量的一半。

（二）数字化赋能：推出碳足迹应用服务综合治理

数字技术的应用是推动绿色出行的主要手段。早在 2016 年，全球电子可持续性倡议（The Global e-Sustainability Initiative，GESI）就关注到了数字技术对促进经济绿色转型的作用，指出到 2030 年，智能制造、智能农业、智能建筑、智能移动和智能能源等数字解决方案可以在全球经济中减少超过 120 亿吨 CO_2 当量，占全球总排放量的 1/5 左右。

T3 出行不仅仅是一家网约车出行企业，更是一家数字科技企业。每天产生的订单数据、司乘信息数据和车辆轨迹数据，总量已经接近 PB 级别。作为国内首个运用车联网技术提供智能出行服务的企业，T3 出行大数据智能出行运营平台通过派单算法优化的方式，减少接乘距离、提升接乘效率，并以大数据"湖仓一体"为基础，结合人工智能技术，形成了对乘客、司机、车辆碳足迹信息提示、绿色积分等机制。

T3 出行网约车碳足迹数字化应用最初的设计理念是，既能托管交通企业数据，也能代理政府部门的碳积分管理功能，因此引入了"碳排放因子库""碳中台"等概念去落地业务构想。

T3 出行"碳中台"是一个比较经典的分层架构，每层向下依赖。

平台层：通过离线数据、实时数据封装成数据湖提供海量数据查询和存储能力，通过数据分析提供建模、算法和机器学习能力。

协议层：包括碳排放因子库、碳排放计算公式库，并依赖平台层共同构成碳排放计量策略库，即策略中心。

服务层：基于协议层推出碳计算、碳预测、政企碳排放上报、碳转换以及碳足迹量化等服务。

应用层：基于服务层实现碳达峰与碳中和的分析报告、碳排放上下游的可视化追踪与监控，以及最核心的碳交易市场。

表8-2　T3大数据智能出行运营平台核心模块介绍

核心模块	子模块	功能描述
大数据基础平台	湖仓一体建设	打破数据湖与数据仓库割裂的体系，架构上将数据湖的灵活性、生态丰富性与数据仓库的企业级能力进行融合，构建数据湖和数据仓库融合的数据管理平台
	大数据研发套件	大数据开发的工具套件，通过自研、开源软件、二次开发等模式为大数据数仓开发提供专业的开发调试和任务调度等工具
	数据治理	数据质量、指标体系管理等一系列旨在提升内部研发效率、保证研发质量的功能
	数据血缘，地图	通过解析开发者的sql，将上游表和下游表的关联关系进行链路展示，能够了解上层汇总表的来源
商业智能	指标统一平台1.0	通过与业务开发方和运营方沟通明确下来整个公司的指标体系，并以数仓分层的模式，将计算逻辑和统计口径固化下来，形成指标统一平台
	数仓模型建设及数据集市	依据数据模型建设规范，将数仓建设为包含贴源层、明细层、轻度汇总层、数据集市层等等一系列存储表的项目
	可视化分析（帆软）	商业智能分析工具，结合数仓建设，将数据以可视化的方式呈现
大数据应用产品	数据服务平台	数据服务平台提供统一对外的数据接口能力，外部展现形式：提供接口碳积分状态、健康状态监控、使用率监控等一系列功能
	用户标签画像平台	运营人员通过自定义的筛选条件，将一部分用户从海量用户中筛选出来，进行精准服务、定向营销等市场行为
	埋点平台	将乘客端App、司机端App进行埋点，将用户使用习惯等进行定量的分析，并依据分析结果进行系统改造，以提升用户体验
	POI搜索与优化	出行服务中，通过大数据采集与分析，为用户提供最适合的上车地点，提升用户用车体验

三　T3出行的行动效果

2021年9月，T3出行网约车碳足迹数字化应用在天津落地，联合天津市交通运输委员会、天津市公路学会等推出"津碳行"碳普惠体系，通过建立低碳出行积分，以知识分享、答题、积分换礼等公益活动，引导社会公众优先选择绿色低碳出行方式，助力实现"双碳"目标，目前已覆盖该小程序44%的用户。T3出行打造的这一"网约车碳足迹数字化应用案例"入围了由中央网信办信息化发展局组织开展的"2022年度数字科技企业双化协同典型案例"。

2022年10月，T3出行在全国96座运营城市实现了与蚂蚁森林的低碳场景交互。用户登录支付宝使用T3出行小程序打车，若服务车辆为纯电动车，使用支付宝完成车费支付后，即可因纯电动车的低碳减排而获得每笔164g的绿色能量。这也是T3出行携手蚂蚁森林合作倡导低碳生活的首次尝试。

以碳普惠方式鼓励公众选择公共交通、骑行、步行等绿色出行方式，对出行者在交通方式选择上进行正向激励，将有助于调动全社会践行绿色低碳行为的积极性，形成社会公众绿色低碳、文明健康的出行方式与消费模式，助力交通运输领域的碳达峰与碳中和。此外，T3出行还基于大数据算法推出了拼车服务。主要针对城市内高峰时段热点打车区域或场所，鼓励用户合乘出行，以达到优化车辆配置与使用效率、缓解交通拥堵、减轻环境污染的效果。根据加州大学伯克利分校在2017年的研究成果，在往返车共享的情况下，一辆共享汽车可以替代9—13辆私家车，降低34%—41%的温室气体排放，减少27%—43%的行驶里程。

目前，T3出行已牵头团标建设《电动汽车出行碳减排量核查指南》，并就碳足迹相关内容进行了三类专利布局：第一类拼车：21件专利布局，其中发明8件，外观设计13件，授权专利16件；第二类数据采集：43件专利布局，均为发明专利，授权专利19件；第三类语音图像：28件专利布局，其中发明27件，外观设计1件，授权专利14件。

绿色化与数字化的协同发展正在深刻地改变人类出行，也将中国的"双碳"之路带入走深走实的关键阶段。面向未来，T3出行将锚定"成为最值得信赖的出行服务企业"的愿景，勇担主力军责任，努力在时代发展的新阶段、新理念、新格局下，激发新动能，贡献新力量。

第三节　云快充：为新能源汽车充电与能源管理提供服务

充电桩基础设施建设是"新基建"的重要内容，也成为助力实现碳达峰碳中和目标的重要载体。新能源汽车可在汽车行业碳排放总量控制中发挥重要作用，其下游产业链充电桩行业也是不容忽视的一环。江苏云快充新能源科技有限公司（以下简称"云快充"）作为中国领先的新能源汽车充电服务与能源管理解决方案提供商，持续助推充电桩新基建发展，实践属于自己的碳达峰行动赋能模式。

一　云快充的基本情况

云快充成立于2016年，是中国领先的新能源汽车充电服务与能源管理解决方案提供商，建立了全国最大的第三方充电物联网络，运营全国第二大公用充电服务网络，提供直接高效的新能源汽车充电服务与充电场景的能源管理服务。目前，云快充业务覆盖370多座城市，服务电桩运营商超9000家。

基于开放的第三方平台合作生态，云快充为政企客户、电桩运营商、车队、EV制造商等各类客户提供全方位的充电服务和能源管理解决方案服务，并携手地方政府与产业链上下游成立充电基础设施领域首只"双碳"基金，服务国家新能源战略，共同创造社会价值。

发展过程中，云快充经过多轮融资，引入普洛斯隐山资本、际链科技、宁德时代、合力投资、蔚来资本、OPPO、ABB等投资人，这为产业资源聚合从而实现碳达峰行动打下了坚实的基础。其中，云快充携手隐山资本、长园深瑞以及地方政府共同设立的充电基础设施首只"双碳"基金，依托普洛斯及生态企业在中国开发及管理的数百个物流园区及物流场景，打造全国最大的物流服务充电网络和公共服务充电网络；与宁德时代在储能、换电、售电等能源管理场景形成战略协同；与OPPO将加强车机和桩联网的协同，并基于第三方物联网平台强大的聚合力，为全国新能源车主提供更高效便捷的充电服务，强强联合践行"双碳"目标；携手ABB电动交通，共同致力于推动全球交通电气化。

云快充作为一家扎根充电基础设施行业的综合能源管理服务商，将充分依托产业生态，持续打造包括充电用户服务、代运营、软件服务、金融、储能、碳交易等在内的行业领先综合解决方案，以技术助力产业创新，赋力国家"双碳"目标。

二 云快充的具体行动

云快充致力于为全产业客户提供充电服务与能源管理综合解决方案，在降碳方面采取了诸多行动。

（一）自主研发第三方充电物联网平台，技术赋力低碳产业链

秉承重技术轻资产的业务发展理念，云快充自主研发第三方充电物联网平台，通过自身强大的资源整合能力，将不同充电运营商的充电桩接入平台中。不直接投建、不与运营商争利的轻资产模式，以及可直连市面上 90% 以上的充电桩品牌，支持充电桩、储能柜、光伏发电等多种设备线上管理的强大兼容性，让云快充成为全国 370 多个城市、9000 多位充电站运营商的不二之选。

于产业上游，加入云快充平台，意味着运营商们进入线上无纸化智能管理模式。大家可以通过一站式后台，高效完成运营管理、财务管理、充电安全管理、会员管理等相关工作，全面掌握场站数、桩数、终端数、功率和充电量、订单数、订单收入、用户数情况等数据，对场站经营效益进行全面分析，大大提升了单桩运营率，减少设备浪费和不必要的能源消耗。

于产业下游，各大车企在自主建桩模式中，需要支出较高成本去建造充电桩并进行后期的维护，整体拓展速度较慢，难以完全满足用户的充电补能需求。而品牌站的客户群体单一，只面向固定的品牌车主，也容易导致利用率低等问题。云快充凭借前瞻的第三方充电物联网技术及 29 万充电终端的广阔覆盖，成为各大新能源车企的优质合作对象。目前，云快充已与市面上超 65% 的新能源车企达成多模式的深入合作。云快充不仅是理想汽车、高合汽车等企业的全国充电地图优质终端接入方，也是零跑汽车首款全球战略车型零跑 C01/C11 权益电卡项目的独家合作伙伴。云快充还与长城汽车旗下豪华纯电品

牌——沙龙汽车联手构建了覆盖家用充电与公共充电的独立充电管理平台,同步打造品牌专属全国充电地图,接入全国多家TOP级主流运营商,实现高达95%以上的全国优质充电终端覆盖率。方便、优质、安全的充电桩补能支持充分提升了人们购买新能源汽车、践行低碳出行方式的信心与意愿。云快充也在积极开拓更多赋能模式,善用第三方平台势能,更长远地助力"双碳"目标的达成。

(二)布局综合能源管理,助力建设新型电力系统

中央财经委员会第九次会议提出要构建新型电力系统,这是实现"3060"目标的必然选择。它的核心特征是新能源成为电力供应的主体。由于新能源具有波动性、间歇性特点,要构建新型电力系统,需要通过装备技术和体制机制创新,推动多种能源方式互联互济、源网荷储深度融合,来实现清洁低碳、安全可靠、智慧灵活、经济高效等目标。新型电力系统对电网调度调节的能力提出了更高要求,而电动汽车是构建新型电力系统的关键变量。

充电场景储能具有规模大、低成本、高性能的优势,是潜在的电网灵活性主力来源。而衔接电动汽车充电的充电桩,成为了发展用户侧储能的核心场景。云快充基于全国第二大公用充电网络规模,面向综合能源管理服务展开深入探索。

云快充通过采用"一体式解决方案+管理服务"模式,"选、谈、建、运、售"一体化跟进,落地标准化储能应用示范站点,既缓解了充电高峰时充电桩大电流充电对区域电网的冲击,也通过充电网络与能源管理平台的双向严密监测,确保储能电站的运营效率。

同时,云快充通过"端—边—云"架构,实现对储能电站的设备数据采集管理,初步建立起能源管理平台。后续,云快充将批量化复制标准储能充电站点,通过整合、管理能源与负载,将分布式的站点聚合成若干能源网络,从而实现分布式虚拟电厂平台的构建,逐步织就云快充专属全国能源网,为参与电网需求侧响应、电力市场交易以及碳交易等赋能。

(三)深挖全国第二大公用充电网络赋能价值,探索高效推进城市交通"净碳"路径

根据中国电动汽车充电基础设施促进联盟(以下简称"充电联

盟")的统计,截至2023年1月,联盟内成员单位总计上报公共充电桩183.9万台,较2022年1月的117.8万台,绝对值增长66.1万台,同比增长率为56%。作为核心成员单位之一,云快充在此期间新增充电终端超11万台,公用充电桩规模位列全国第二,公共充电桩规模位列全国第三。

云快充基于全国第二大公用充电网络及第三方充电物联网技术,层层深挖数据赋能价值,持续拓宽业务的发展边界,从战略发展层面发现更多可能。目前,云快充围绕规模建网、运营提效、能源管理、碳交易等核心环节,探索出一条高效推进城市交通"净碳"的关键路径。

(1) 创新合作模式,高效助力城市充电网络规模化建设

作为有海量充电桩运营数据支撑且成功成立充电基础设施领域首只"双碳"基金的平台方,云快充以碳达峰碳中和愿景为引领,邀请国有企业、政府平台、上市公司、金融机构等多方资源,共同发起组建光储充一体化零碳先锋基金,用于在节点区域投建光储充一体化骨干设施网络。化繁为简,助力打通发电、配售电、充电、储能、运力等环节,打造产业生态闭环,控制整体运作风险。

(2) 六大产品服务,助力充电桩进入精细化运营时代

基于平台大数据的丰富内核以及各类客户需求的多元化,云快充将综合大平台细分为五大自研软件产品+1项托管运营服务。五大产品分别为:

①充电桩运营平台:充电桩直连聚合平台,全方位满足客户对电桩管理、电站管理、充电管理、用户管理、财务管理、安全管理等的实际需求。

②能源管理平台:场站级智慧能源管理平台,可完成对能源微网和光储充电站的设备数据采集及协调控制,并通过AI算法实现能源综合管理,实现安全、有序、高效用电。

③企业运营平台:为车队、物流企业等充电需求方量身打造的运营平台,与充电桩运营平台上的部分桩资源打通,满足客户对人、车、钱、桩的全方位充电智能管理。

④光储充运维平台:光储充设备智能运维平台,包括实时监控、

智能诊断、远程调试、运维派单等，助力客户快速提升充电桩、储能设备等运维效率，有效降低运维成本。

⑤城市数字平台：定制化城市数字平台集合物联网、大数据、AI算法以及人工智能等多种技术，是新一代城市绿色交通大脑智慧指挥中心，可实现对城市交通各领域平台的综合运行监管。

同时开展托管运营服务，提供包含"站点营业、平台导流、运维保障、品牌推广、配套服务、储能售电"等内容的线上线下全流程代运营。

（3）智慧能源大脑，助力城市交通网实现能源效率最大化

通过对平台大数据价值的深挖以及各项业务的深入，最终形成智慧能源大脑。通过能源互联网对能源信息进行采集和调控，智慧能源大脑对城市能源结构、电力供需市场、"源—网—荷—储"电量动态平衡等进行分析、预测和协调，为城市能源利用决策提供支持，助力城市交通网真正实现"提效减碳"。

三 云快充的行动效果

《"十四五"现代综合交通运输体系发展规划》提出，"规划建设便利高效、适度超前的充换电网络，重点推进交通枢纽场站、停车设施、公路服务区等区域充电设施设备建设，鼓励在交通枢纽场站以及公路、铁路等沿线合理布局光伏发电及储能设施"。

中国充电联盟数据显示，2023年1月，充电基础设施增量为20.2万台，新能源汽车销量40.8万辆，桩车增量比为1∶2，充电基础设施建设能够基本满足新能源汽车的快速发展。助力加速缩短发展现况与"适度超前"相关规划的距离，是云快充"减碳之路"上的重要目标。

从单一的平台技术赋能，到布局综合能源管理，再到探索推进城市交通"净碳"的关键路径，云快充在发展中持续发挥自身作为充电物联网与能源管理解决方案服务商的重要作用，致力于通过前沿的技术方案与能源管理建设绿色未来。截至目前，云快充平台充电桩累计充电量可供新能源车辆行驶总里程约234亿公里，减少38亿升汽油燃烧，减少646万吨二氧化碳排放。

而碳达峰碳中和是一场宏伟的系统性变革，需要企业、政府与公众共同推进。当人们更加接纳并加入新能源出行方式的时候，充电桩作为电车汽车充电标配，发展完善度将得到更大提升。当政策从单纯的补贴侧"退潮"，通过金融工具、市场化的手段更加精细化推动充电设施建设发展，距离碳达峰的目标也会越来越近。

第四节　中储智运：打造数字物流平台

中储南京智慧物流科技有限公司（以下简称"中储智运"）打造突破时空界限的中储智运数字物流平台，助力交通运输绿色低碳行动。

一　中储智运的基本情况

中储智运是隶属于国务院国资委中国物流集团所属中储发展股份有限公司（600787）控股的智慧物流及数字供应链科技企业，公司现为央企混合所有制改革企业，股东包括中国国有企业结构调整基金、中国国有企业混合所有制改革基金、中远海控基金、粤高资本、南京钢铁等战略投资者。公司在职总人数约1700人，拥有一支超过400人的研发团队，在全国数字物流及供应链领域具备领先水平，拥有强大、领先的自主研发能力。

物流业是国民经济发展的基础性、战略性、先导性产业，是构建双循环新发展格局，建设现代流通体系，提升产业链供应链韧性和安全水平的重要保障。然而，我国物流业尽管市场规模较大，但总体仍"大而不强"，我国社会物流总费用占GDP的比率达到14.6%，远高于美国、日本等发达国家9%以下的水平，总体发展水平与质量较低。

中储智运针对传统物流行业"小、散、乱、差"及车辆空驶、空载率高的长期痛点，集成移动互联网、云计算、大数据、人工智能、物联网、区块链等前沿技术，打造突破时空界限的中储智运数字物流平台，整合货主企业、司机、运输公司等社会运力资源，通过核心智能配对数学算法模型，将货源精准推荐给返程线路、返程时间、车型等最为契合的货车司机，实现货主与司机的线上交易，为货主企业降本增效，为货车司机降低车辆空驶率，减少找货、等货时间及各种中间费用，实现社会物流效率与发展质量的"双向提升"。

中储智运已成为行业领军企业，在2017年交通部首批283家无车承运人试点企业考核工作中，中储智运平台综合排名全国第一；2020年，中储智运成为中国首批5A级网络货运企业；公司入选国家发改委"物流业制造业深度融合创新发展案例"；现为国家发改委、工信部、中央网信办认定的"全国共享经济典型平台"；入选交通运输部第三批多式联运示范工程；商务部全国供应链创新与应用试点企业；2022年，公司荣获工信部"国家中小企业公共服务示范平台"，新华社"全国优秀信用案例"，荣膺"2022中国企业改革发展优秀成果"一等奖，入选《中国企业改革发展2022蓝皮书》。

二 中储智运的具体行动

中储智运依托数字物流平台整合的资源及真实物流业务场景，在掌握供应链环节中核心物流数据的基础上，升级打造基于数字信用的数字供应链平台，为供应链上下游企业提供物资采购、销售、物流、开票结算、融资等各类服务，解决供应链运转过程中的关键"信用"问题，构建安全、便捷、高效、绿色、经济的数字供应链生态体系，帮助重点产业提升物流、供应链数字化水平，破解数字化转型难点堵点，加强产业链上下游数字化协同联动，全面提升发展质量和效益，增强我国重点产业竞争力。

（一）深化智慧物流平台智能配对技术

中储智运数字物流平台通过核心智能配对数学算法模型，聚焦用户多方面需求，深度挖掘各类主体之间的联系，以平台的货源、车源、产品、服务等综合资源为基础，将货源与返程线路、返程时间、车型等最为契合的货车司机车源进行精准匹配，快速实现"以货找车"和"以车找货"，进而达到降本增效的效果。智能配对作为平台的核心战略之一，是数字物流平台实现车源、货源合理配置的重要手段，也是最大限度地减少车辆空驶率，提升车辆运行效率，减少司机配载找货、等货的时间及成本的有效方法。

(二) 智慧多式联运系统"一键生成"物流方案

中储智运充分利用平台的资源聚集优势,加大汽运、铁运、船运、空运、场站、仓库、港口物流资源整合力度,提档升级智慧多式联运系统,通过"智慧组网路由"物流大数据算法,为客户提供考虑"时效优先""价格优先"的多套物流解决方案,实现物流方案的"一键生成";通过"一次委托、一单到底、一次收费",为客户提供门到门的国内、国际多式联运物流服务与解决方案,从而促进公路运输转向铁、水、空运,助力国家运输结构优化,提升综合运输效率,降低社会物流成本,实现绿色物流与节能减排。

(三) 推进新能源绿色车辆的使用

2019 年 3 月,国家发展改革委联合中央网信办、工业和信息化部、公安部、财政部、自然资源部等 24 个部门和单位印发《关于推动物流高质量发展促进形成强大国内市场的意见》,提出要加快绿色物流发展,持续推进柴油货车污染治理力度,研究推广清洁能源 (LNG) 等。2020 年底的中央经济工作会议将"做好碳达峰碳中和工作"作为 2021 年的重点任务之一,提出我国二氧化碳排放力争 2030 年前达到峰值,力争 2060 年前实现碳中和,并要求抓紧制定 2030 年前碳排放达峰行动方案。中储智运积极响应国家"双碳"战略,大力鼓励和倡导平台司机使用绿色货运工具,大力发展绿色货运,打造绿色物流体系。目前平台已整合 LNG、CNG 天然气车辆超 40 万辆,持续减少货车二氧化碳排放,推进物流行业绿色低碳转型,助力我国建立可持续发展的绿色物流体系。

(四) 大力宣传提高节能减排意识

中储智运积极发挥行业典型的带动作用,通过 App 公众号、多媒体等方式广泛宣传交通行业节能减排的重要性与紧迫性,营造良好的节能减排氛围,在全行业形成节约资源、保护环境的良好风尚,使每个环节的参与者都肩负起养成自觉节约资源、保护环境的责任。并通过组织公司全员"'双碳'战略""节能减排"培训等形式,从节约一度电、一滴水做起,发动全体员工从身边做起,提高公司全员对节能减排重要性的认识,激发全员参与节能减排的积极性,增强资源意识和节约意识,变被动应付为主动自觉的节能减排。只有企业及个人形成合力,使全社会都能充分认识到节能减排的重要性,才能积极引导道路运输企业优化运力结构,合理增加运力,切实减少成本支出,达到节能减排促增效的目的。

三 中储智运的行动效果

中储智运通过加快绿色技术的研发应用、优化调整运输结构、推进新能源绿色车辆使用等手段减少能源消耗和废气排放,积极推动节能降碳工作,提高绿色供应链管理水平,促进环境保护和平台经济的可持续发展。

一是良好的经济效益。本项目建立的智能配对模型,精准推送货源,业务覆盖全国,平均为货主企业降低成本10%,累计为货主企业降低物流成本超80亿元,使司机平均找货时间减少69%以上,返程空驶率降低20%,在提升能源的使用效率、减少货车的尾气排放的同时,还增加了司机运输频次,提高了司机总收入,使物流运输更加绿色与高效。2022年全年成交金额362.4亿元,同比增长21%,近三年复合增长率达25.5%。

二是绿色物流促进节能减排。中储智运平台打造的物流循环运输网络,可以帮助货主快速找到合适运力,帮助司机快速找到业务,提升业务机会;通过对返程车源的有效利用,最大化地实现合理运输,降低返程空驶,是一种绿色可持续的物流循环经济。公司积极响应国家号召,大力发展绿色货运绿色物流。绿色物流能够通过优化物流网络,减少运输距离和时间,推广绿色交通工具,减少燃料消耗和排放。中储智运通过提高物流效率,减少物流活动中的浪费和损耗,从而降低能源消耗和环境污染。

三是多式联运优化运输组织结构。公司作为交通运输部全国多式联运示范工程试点单位,积极响应国务院办公厅发布的《推进运输结构调整三年行动计划》,充分利用中储智运平台的资源聚集优势,以平台的智能配对和调度系统为技术基础,开展多式联运业务。中储智运通过优化运输组织结构,将各种运输方式的优势充分结合,实现资源共享,在降低物流成本的同时减少能源消耗,降低碳排放,有助于推进碳中和目标的实现。

第五节 开沃集团：推动整车行业降碳

开沃新能源汽车集团股份有限公司（以下简称"开沃集团"）是集新能源整车及核心零部件研发、生产、销售、服务于一体的独角兽企业，致力于推动整车行业降碳。汽车行业实现"双碳"目标是一个复杂的系统工程，除了汽车产品之外，还涉及企业的生产制造环节、技术以及组织结构等各个领域和环节。所以，在制造过程中减碳也是汽车产业链企业探索"碳中和"的重要方向之一。

一 开沃集团的基本情况

开沃集团于2010年12月成立，2011年1月收购并重组南京金龙客车制造有限公司（以下简称"南京金龙"）。控股南京金龙后，开沃集团着力将重心由传统燃油汽车转向新能源汽车发展，现开沃集团生产基地遍布南京、深圳、武汉、徐州、呼和浩特、渭南、乌鲁木齐、唐山等多座城市。也是南京市唯一的新能源商用车总部企业。旗下拥有整车品牌"SKYWORTH—创维"（国内品牌）和"SKYWELL"（海外品牌）以及汽车零部件品牌"SKYSOURCE—创源"三大核心品牌。

开沃集团是行业内极少数拥有全品类车型、掌握"三电"核心技术、商用车与乘用车"商乘并举"的新能源汽车企业。产品上形成了纯电动、燃料电池、混合动力三条技术路线，产品品类涵盖乘用车、客车、物流车、专用车、卡车、无人驾驶车等全系列车型，累计销售车辆超60000辆，覆盖40多个国家、200多个城市。

开沃集团拥有"先进技术研究＋车型研究＋零部件开发"的立体式研发体系，形成了"1＋N"式的研发主体，围绕"节能、智能"两大主题，开展自主化、正向化、前瞻化课题攻关。先后获得国家级及省级科技成果转化、重大技术攻关、核心技术攻关等专项奖项，已建成"混合动力车辆技术国家地方联合工程研究中心""江苏省新能源汽车智能网联工程技术研究中心""江苏省认定企业技术中心""江苏省新能源汽车工程中心""江苏省研究生工作站"等多个荣誉中心和站点。

二 开沃集团的具体行动

在能源方面,开沃集团定期开展能源评审,有明确的能源管理目标指标和能源管理实施方案,并结合绩效考核、创新提案奖励等多种手段,不断挖掘节能改造以及用能结构优化项目。目前已建立、实施并保持满足 GB/T 23331 要求的能源管理体系,发布了《能源管理手册》及相关程序文件。

为优化用能结构,开沃集团在厂区内建有屋顶分布式光伏电站、太阳能路灯、太阳能热水器、充电桩等设施。在保证安全、质量的前提下,减少不可再生能源投入,优化了厂区用能结构。其中,屋顶分布式光伏电站于 2019 年 8 月运行发电,容量为 6MWp。另外,工厂涂装工艺电泳采用板式换热器间接加热方式,使用热水炉加热后的高温热水到相应工艺段进行换热,换热后的水返回至热水炉进行升温,从而实现低温余热的回收利用。涂装车间由水旋湿式处理方式改为干式处理方式,有效降低了汽车涂装所产生的废水水质,如大量表面活性剂、其他有机溶剂、涂料助剂、重金属等污染物的排放与处理。同时干式喷漆室能够实现恒温循环,降低使用能耗,可满足水性漆的应用,极大地避免了油性漆使用带来的环境污染。

开沃集团所属行业无取水定额要求,工厂根据标准定期开展节约用水的自评价工作,在循环水冷却水项目,通过采用节水型器具和管网进行技改措施,保证了水的节约化使用,同时编制了《节能节水等节能管理办法》,在公司进行标准化管理。

开沃集团在新产品开发和改进中引入了生态设计的理念,制定了《开沃整车开发管理程序》。在原材料的选用环节,优化原材料配比,尽量减少所使用材料的种类,追踪原材料应用的绿色足迹,尤其是减少有毒有害物质的使用,提高回收材料或可再生材料等绿色、可循环物料所占比例;在生产环节,在不影响产品性能的基础上,力求简化流程、简化工艺,考虑能源、资源梯级利用、循环利用,以减少生产过程能源、资源消耗;在产品使用环节,力求优化产品性能,产品使用应有利于相关方实现绿色改进;在产品报废处理环节，考虑可循环设计，尽可能实现报废产品的资源化利用，逐步减少不可回收报废材料的比例；在产品包装、运输上，设计环节考虑产品包装、运输过程的可操作性，尽可能简化包装，减少运输环节能源、资源消耗。

开沃集团坚持以产品生态设计为原则，开发出了一系列绿色属性较好的产品、技术及装备，并申报了国家相关发明专利，如纯电动微公交车前独立悬架、汽车驱动电机悬置结构、液化天然气舱结构、三段式旅游车车架等。针对其主要的纯电动客车产品编制了《电动客车生态设计评价技术规范》，一方面可增强生态设计内容的透明度和评价的可信度；另一方面可引导电动客车行业产业链（含制造商、采购商和最终用户）重视生态设计，参与生态设计评价，促进行业长期可持续发展。

三　开沃集团的行动效果

开沃集团紧跟国家"双碳"发展战略，全年度对工厂的温室气体排放进行定期核查，优先选择节能、低碳、环保的设施设备。从基础设施和工业装备方面将不断按国家相关规定和要求进行升级改造，持续坚持绿色发展道路，实现绿色工厂、绿色制造、绿色产品的目标。

开沃集团以能源资源配置更加合理、利用效率大幅提高为导向开发了智能能耗统计技术，该技术应用于各类商用车产品，通过统计车辆各种路况下的实时能耗、累计能耗、各电气系统的能耗情况，实现对车辆总能耗及各电气系统能耗进行可视化监测，精准把控能耗数据，为运营公司规范驾驶员驾驶习惯提供依据，从而提升车辆的续航里程。开沃智能能耗统计技术将持续为提高能源利用效率，减少能源使用和碳排放量提供技术平台支持。

在"双碳"目标指引下，进一步深化环保理念、加码模式创新，积极推动新能源重型卡车的市场应用。在商业模式方面，针对客户面临着的购置成本过高、初始资金过重、单个规模不大、运营成本高等问题，开沃集团创新推出"车电分离"模式，将"无动力车身购置"与"电池经营性租赁"相组合，可有效降低用户购置成本，对电动重卡商业化运营推广具有重要示范价值，该模式已经在乌海、唐山、乌鲁木齐、昆明等城市成功落地。在技术路线方面，开沃集团牵头参与《江苏省纯电动重型卡车换电电池包系统通信协议》的制定，该文件于 2022 年 10 月 19 日顺利通过，这对保障支持换电车辆的安全性，加快全国换电站的布局速度，积极推动运输装备的低碳转型，构建绿色高效交通运输体系建设起到了积极的推动作用。

第九章 高成长企业推动循环经济助力降碳行动

发展循环经济是实现碳达峰碳中和的重要途径，各地区各有关部门抓住资源利用这个源头，大力发展循环经济，全面提高资源利用效率，充分发挥减少资源消耗和降碳的协同作用，这其中擎工互联、万德斯是典型案例。

第一节 循环经济助力降碳行动总体成效

印发实施《"十四五"循环经济发展规划》，加强统筹协调，健全标准规范，加大资金支持，大力发展循环经济，取得积极成效。①

一 积极构建资源循环型产业体系

一是深入推进园区循环化改造。印发《关于做好"十四五"园区循环化改造工作有关事项的通知》，推动具备条件的省级以上园区"十四五"期间全部实施循环化改造。加强循环经济示范试点中后期工作督促指导，有效发挥国家循环化改造园区试点示范引领作用。

二是推进重点产品绿色设计。制定发布再生涤纶等32项绿色设计产品评价技术规范行业标准，遴选公布一批绿色工厂、绿色园区、绿色设计产品。

---

① 《循环经济助力降碳行动扎实推进——"碳达峰十大行动"进展（四）》，国家发展和改革委员会，2022年11月30日，详见https：//www.ndrc.gov.cn/fggz/hjyzy/tdftzh/202211/t20221130_ 1343070. html。

三是加强资源综合利用。印发《关于"十四五"大宗固体废弃物综合利用的指导意见》，开展大宗固体废弃物综合利用示范，推进90家大宗固体废弃物综合利用示范基地和60家骨干企业建设。

二 构建废弃物循环利用体系

一是完善废弃物循环利用政策。印发《关于加快废旧物资循环利用体系建设的指导意见》，部署废旧物资回收、再生资源加工利用、二手商品交易、再制造等方面重点任务。印发《关于加快推进废旧纺织品循环利用的实施意见》，推动建立废旧纺织品循环利用体系。印发《汽车零部件再制造规范管理暂行办法》，推动再制造产业规范化发展。印发《新能源汽车动力蓄电池梯次利用管理办法》，制定发布梯次利用要求、梯次利用标识、放电规范等3项国家标准。

二是推动重点地区、重点领域废弃物循环利用。选取北京市等60个重点城市，推动城市废旧物资循环利用。推进动力电池回收利用试点建设，截至2021年底，累计建成1万余个动力电池回收网点，覆盖31个省级、326个地级行政区。推行废弃电子产品"互联网+回收"模式，开展家电生产企业回收目标责任制行动，提升拆解处理能力，打击非法拆解行为。2021年规范处理"四机一脑"（洗衣机、冰箱、电视机、空调机、电脑）约8500万台。

三是培育废弃物循环利用龙头企业。依托"城市矿产"示范基地等示范试点建设，积极培育报废汽车、退役动力电池、废旧家电等再生资源回收利用龙头企业。2021年，9类再生资源回收利用量达3.85亿吨，利用再生资源相比使用原生材料减少了约7.5亿吨二氧化碳排放量。

三 推进农业循环经济发展

一是加强农作物秸秆综合利用。推进秸秆"变废为宝"，以肥料化、饲料化、能源化等为重点方向，支持700多个县开展秸秆综合利用重点县建设。

二是推进畜禽粪污资源化利用。持续落实《关于加快推进畜禽养殖废弃物资源化利用的意见》，压实地方属地管理责任和养殖场主体责任。安排中央财政资金支持819个养殖大县实施畜禽粪污资源化利用整县推进项目。

三是推行循环型农林业发展模式。印发《全国林下经济发展指南（2021—2030年）》，发展林下中药材、食用菌等林下产业。推进农村生物质能开发利用，推动农村沼气转型升级，积极发展生物质固体成型燃料，推进生物天然气规模化应用，探索农业循环经济降碳增汇路径。

四 扎实推进塑料污染治理和过度包装

一是推进塑料污染全链条治理。印发《"十四五"塑料污染治理行动方案》，出台商贸流通、邮政快递、农膜治理等重点领域配套文件，健全生物降解塑料、快递绿色包装、限制商品过度包装等重点领域标准规范。开展塑料污染治理联合专项行动、江河湖海清漂专项行动，促进塑料污染治理法律政策体系加快构建，落实机制逐步建立，全链条治理稳步推进。目前我国城镇生活垃圾已全部纳入环卫收运体系并实现"日产日清"。加强农膜污染治理，打击非标农膜入市下田，推进废旧农膜机械化回收，有序推广全生物降解农膜。2021年，我国废旧农膜回收率达80%。

二是推动快递包装绿色转型。国务院办公厅转发《关于加快推进快递包装绿色转型意见》，有关部门出台《邮件快件包装操作规范备案管理规定（试行）》，组织开展可循环快递包装规模化应用试点。截至2022年6月底，全行业累计投放934万个可循环快递箱，邮政快递业可循环中转袋全网使用比率超过96%，为89家企业发放106张快递包装绿色产品认证证书。

三是加强商品过度包装治理。国务院办公厅印发《关于进一步加强商品过度包装治理的通知》，建立商品过度包装治理工作会商机制，强化商品过度包装全链条治理，加强行业管理和监管执法。

第二节 擎工互联：碳排放数据和
碳资产运营管理专家

当前，数字经济与"双碳"交融的新时代，"双碳"数字化赛道迎来前所未有的机遇。江苏擎天工业互联网有限公司（以下简称"擎工互联"）致力于帮助企业算好每一吨碳排放、管好每一吨碳资产，打造碳排放数字化管理一站式服务，以科技赋能推动"产业低碳化、低碳产业化"发展。

一 擎工互联的基本情况

擎工互联成立于2018年，位于江苏省南京市江北新区，是一家始终专注于企业碳达峰碳中和数字化服务领域的科技企业，其前身可追溯至2009年中国擎天软件科技集团低碳产品事业群，核心团队拥有14年的低碳业务知识积累和25年的信息化能力沉淀。目前，公司已完成A轮数千万元人民币融资。

擎工互联依托自主研发、持续更新的擎天碳排放核算标准库这一能力底座，基于擎天绿色低碳工业互联网平台，深度融合区块链、边缘计算、物联网等信息技术，为企业提供碳排放数据MRV（Monitoring——统计监测、Reporting——核算报告、Verification——核查认证）和碳资产运营管理（Operating）SaaS服务，帮助企业构建科学有效的碳排放管理体系，构建服务于实体经济绿色低碳转型的"双碳"数字化生态，旨在帮助企业算好每一吨碳排放、管好每一吨碳资产。

擎工互联聚焦于数字化碳管理服务，围绕高排放企业、外贸出口企业、供应链企业等实体经济绿色低碳转型升级所面临的痛点、难点和堵点，切实围绕"产业低碳化、低碳产业化"，持续深耕"双碳"数字化服务，不断创新升级MRV-O产品体系，助力企业构建数字化碳管理体系，为实体经济实现碳中和目标贡献数智之力。

二 擎工互联的具体行动

碳排放数据对于碳交易至关重要，是实现碳达峰碳中和的重要基础，提供真实可靠的碳排放数据是碳市场高效规范运营的生命线。

（一）应用背景

当前，在传统贸易保护政策逐渐失效的情况下，以"碳壁垒"为主的绿色贸易壁垒，正在成为国际贸易中的新技术壁垒。为满足实体经济"绿色出海"、国际供应链倒逼下的企业减碳等需求，随着欧美等发达经济体及国家纷纷推出"绿色新政",中国碳达峰碳中和"1+N"政策体系的基本建立,全球碳中和进程正不断加快,国内相关企业(尤其是出口企业、外资企业等)逐步显现出对企业、产品及项目层面开展碳排放核查认证及管理的需求。

但值得关注的是,当前国内企业在碳排放数据管理体系及碳资产管理体系建设上,处于空缺甚至空白状态。企业面临内外双重挤压,"绿色"竞争力逐渐白热化,主要表现在如下方面:一是以欧盟碳边境调节机制为代表的国际绿色贸易规则,对出口产品提出碳认证要求;二是国际龙头通过供应链层层传导减碳压力,倒逼供应链配套企业量化并减少产品碳足迹;三是提升品牌国际形象,契合绿色"走出去"的需求;四是摸清碳家底,开展精细化碳管理的需求。

当前,企业面临海外政策关注不够、缺乏专业的碳管理能力、国内核算标准缺失、碳数据严重缺失等诸多问题,企业建立碳管理体系至关重要。

(二) 应用产品

基于此,擎工互联研发打造碳擎—数字化碳管理与核查系统,系统满足企业级、项目级、产品级核查认证需求,深度融合擎天碳核算引擎技术与国际权威第三方认证能力,赋能企业碳盘查和产品碳足迹数智发展,助力企业高效应对绿色出口贸易壁垒、绿色供应商资格要求等挑战,提升企业"碳约束时代"的竞争力。

(三) 应用案例

(1) 服装纺织行业碳足迹应用

擎工互联携手国内某知名服装纺织企业推出的全国第一批碳中和出口沙滩裤,通过擎天绿色低碳工业互联网平台采集产品全生命周期源头数据,通过数字化手段对沙滩裤进行了全生命周期的碳足迹核算,核算出每条沙滩裤从"摇篮"到国门的碳足迹在2—3kg不等,远低于国内同类产品的碳足迹,同时采用经认证的等量林业碳汇抵消产品碳排放,从而实现产品碳中和。此外,每一件商品都贴有碳中和标识,将全过程数据进行上链存证,保证数据不可篡改的同时呈现真实的碳足迹,通过与国际第三方认证机构合作,确保数据具有国际公信力。此外,擎工互联根据该企业的发展现状,经过数据建模分析,

第九章 高成长企业推动循环经济助力降碳行动

帮助其预测并设定了力争在2041年实现碳中和的远景目标，让更多人看到企业为实现碳达峰碳中和目标的努力与决心。

（2）产品碳足迹核算及核查认证应用

某世界500强外企计划于2030年在公司运营层面实现净零碳排放；到2040年，实现端到端供应链的碳中和；到2050年，实现供应链运营层面的净零碳排放。在其国内的一家分公司主要生产小型断路器、接触器、指示灯与按钮等。为切实推进在产品生产、企业运营等环节的减碳实践，科学设定企业碳中和目标和路线图，实现公司运营及供应链层面的碳中和，擎工互联为其提供产品碳足迹、企业碳排放的核查认证服务，并将碳排放核算过程信息化、自动化，与工厂日常管理深度融合，切实提升生产过程碳排放管理水平、供应链碳足迹管控能力。

通过碳擎—数字化碳管理与核查系统，为其提供产品碳足迹核算及核查认证服务。并提供数据可视化看板用于管理产品碳足迹及其组成结构，迅速定位重点排放过程，横向对比不同批次产品的碳足迹，明晰、量化碳减排来源。通过对主要供应商碳足迹的统计和管理，实现对供应链的碳管控，建设绿色低碳供应链。对于产品全生命周期数据通过第三方认证机构进行数字化碳排放核查认证服务，并提供产品碳足迹核查声明证书，确保数据具有国际公信力。

三 擎工互联的行动效果

擎工互联核心团队拥有14年的低碳业务知识积累和信息化能力沉淀，2009年至今先后承建了全国重点企业碳排放数据直报系统、国家温室气体清单数据库系统、镇江低碳城市建设管理云平台等国家和地方重点项目建设，参与了全国24个行业碳排放核算方法与报告指南、碳达峰碳中和管理与服务平台技术规范等制度标准的研究编制。

公司创新推出碳计量边缘一体机，产品碳足迹及认证、企业碳盘查及核证、企业碳资产管理等系列产品，已广泛应用于央国企、外企及民营企业。其中，碳计量边缘一体机走进了大量工厂、建筑，电碳模型得到了电力企业的青睐，碳资产管理系统提升了某能源国企的低碳转型能力，数字化碳盘查及核证重塑了某世界500强外企的供应链碳管理模式，数字化产品碳足迹及认证助力了红豆集团纺织服装产品绿色出海。截至目前，擎工互联团队已为国家部委及数十个地方主管部门服务超过10年，擎天绿色低碳工业互联网平台已为6000多家企业提供数字化碳管理服务。

面向未来，各级政府将推动建立重点行业碳认证服务平台，以及碳足迹"一物一码"统一标识体系，利用物联网、区块链等技术，构建可信互认的"碳足迹标准"，与国内外认证机构合作，对碳排放数据库进行权威认证。擎工互联以此为契机，不断发挥技术优势，助力中国制造更加高效地"走出去"。

第三节　万德斯：智慧型环境治理及资源化专家

南京万德斯环保科技股份有限公司（以下简称"万德斯"）是一家专业提供先进环保技术装备、系统集成与环境问题整体解决方案的高新技术企业，业务涉及垃圾污染综合治理、工业废水处理及资源化、生态环境修复等领域，是智慧型环境治理及资源化专家。

一　万德斯的基本情况

万德斯是全国首家"生态保护和环境治理业"科创板上市企业（股票代码：688178），在国家"科技创业领军人才"、科技部"科技创新创业人才"领衔的技术研发与产业化推广团队的带领下，已组建多个研发平台，近三年企业平均研发投入占销售收入的4%。目前，获授权专利140余件，牵头参与多个国家、省部级科研项目，多项国家、行业与团体标准。核心技术获国家科学技术进步奖、中国环境保护科学技术奖、中国循环经济协会科学技术奖、国家先进污染防治技术目录、国家重点环境保护实用技术等荣誉，技术水平和可持续发展能力已达到行业领先水平。

目前公司拥有员工600余人，通过技术创新驱动，在市场、人才、技术、管理和品牌等方面具有全方位竞争优势，获国家级专精特新"小巨人"企业、高新技术企业、环保装备制造规范条件企业、国家火炬特色产业基地优秀民营企业、中国产学研合作创新示范企业、江苏省科技创新发展奖（优秀企业）、苏南国家自主创新示范区瞪羚企业、江苏省生产性服务业领军企业、江苏省服务型制造示范企业，已成为带动区域发展的高科技环保骨干企业。

在国家绿色发展的战略背景下，万德斯矢志环保，用智慧呵护生态文明，以主营业务为牵引、技术为支撑、模式为载体，借助资本市场平台，发展成为综合性环保企业集团，为经济发展注入"环保力量"，为"美丽中国"打好环保底色。

二　万德斯的具体行动

"双碳"目标已经成为全球发展转型的主流和方向，其本质是从资源依赖走向技术依赖的发展转型，在碳达峰碳中和背景下，万德斯聚焦技术创新、数字赋能，重点研发绿色、低碳循环发展关键技术，从创新驱动、把脉市场风向入手，打好企业减污降碳、提质增效的组合拳。将固废、水务、生态修复产业打造成以"万德斯智造"为内核的技术体系与生态产业圈，形成废弃物资源化和能源化的闭环，达到循环、减量、再利用，推动低碳技术研究和产业升级。

（一）以核心技术优势服务减污降碳

在高浓度有机废水深度处理与分盐资源化方面，针对高浓、高盐废水处理回用率低、盐分离纯化难的问题，面向有机污染物高效去除与水资源、盐资源高效回用的行业发展需求，耦合生化—物化联用技术工艺，发挥单元技术协同效应，开发了面向不同水质、多途径回用集成技术系统。核心技术工艺包括膜应用、高级氧化、多倍浓缩、结晶分盐等多种技术单元，实现废水的深度处理与资源化利用。技术应用领域主要有石化、煤炭、煤化工、制药、垃圾焚烧发电等行业的水处理及零排放，目前已应用于多个工业园区、煤炭矿井水、垃圾焚烧渗滤液的深度处理中。

在有机垃圾资源化处理方面以有机垃圾能源化、资源化利用为目标，聚焦节能降耗、资源与能量回收、副产物高效利用所形成的碳补偿等途径，构建以有机垃圾清洁能源转化为核心，高效资源回收、过程废弃物循环利用为纽带的有机垃圾减污降碳。利用新思路与模式，将资源消耗型有机垃圾处理模式扭转为生物质能高效利用的"负碳"模式，为有机垃圾的资源化与低碳循环利用效率提升提供创新支撑。技术采用"预处理＋厌氧消化＋沼液处理"全流程处理工艺，有机垃圾厌氧发酵后，可产生沼气，通过提纯达到并网发电，或提纯为液化气对外销售，减少碳排放；沼液可作为肥料进行资源利用以及中水进行资源利用，沼渣可耦合其他生物质材料进行热解碳化，形成生物炭，可作为土壤改良剂、吸附材料等。技术已在多个项目中得到应用，实现环境污染治理与低碳循环利用路线的闭环，减少碳排放，紧密结合国家战略与产业及"无废城市"建设的需求。

（二）创新"数字化＋"环保模式，推动产业服务转型

在用友、泛微等专业软件平台的基础上，优化开发和实施了企业数字化生产运营系统解决方案，通过数字化技术提升环保服务业的效率和层级，促进环保产业与"数字化＋"深度融合，将数字化和物联网技术融入环保服务业务流程，推动设计数字化、产品智能化、生产自动化、管理网络化，进而实现全过程的信息化建设与转型，进一步提升各部门的业务协同、数据共享、信息交换和数据综合利用能力，通过创新"数字化＋"环保模式加快产业服务化与信息化转型升级步伐，提高企业管理与生产服务水平，为企业、社会发展注入绿色科技力量。

数字化系统以项目运营为主线，全面分析各部门需求，充分调查、归纳、整合各类信息资源，建立总体框架，定制各个基本模块，分别进行程序设计，实现对产品研发、提资计划、物资采购、成本控制的全面管理，及时掌握执行状态，提高计划的精准度，提高订单的履约率，精细成本核算，提升公司整体运营效率。以环保项目设施运营服务为例，通过数字化系统管理平台系统，依托水质监控与数据采集系统，实现运行状况的24小时实时监测，并将现场采集数据传输至智能管理平台，根据预设数学模型运算结果，及时调整系统运行参数，实现污水处理智能化、高效化和无人监管，形成以污水治理为基础、数字化管理为核心，通过治理与管理相结合，构建监测与控制相协调的污水治理物联网。系统可用于多终端（手机、平板、PC）、多

平台（IOS、Windows、安卓）等多种形式，包括水位动态监测、实时视频监测、排污动态监测、报警动态管控、设备运行状态监测、数据统计分析等功能。

三 万德斯的行动效果

万德斯围绕"双碳"目标，注重战略规划，开展研发与业务布局，减污降碳技术全面性、延伸性得到充分的发挥，通过优化传统工艺技术的供给与使用，开展"补链、强链、延链"，实现产业链、创新链与资本链深度融合，已在多个细分领域实现快速发展。

在科研成果方面，万德斯得到各级主管部门及行业的认可，获国家科学技术进步奖、中国环境保护科学技术奖、中国循环经济协会科学技术奖、中国"发明创业奖创新奖"、中国环境技术进步奖、江苏省科学技术进步奖、江苏省环境保护科学技术奖，入选国家先进污染防治技术目录、无废城市建设先进适用技术、江苏省重点推广应用的新技术新产品目录、南京市创新产品应用示范推荐目录。并参与制定煤化工废水处理与回用技术规范、工业浓盐水处理技术规范、工业废水处理设备行业绿色工厂评价规范、生活垃圾渗沥液处理厂运行维护技术标准、易腐垃圾堆肥产物园林绿化使用技术要求等国家、行业、团体标准。

在减污降碳产业化方面，围绕垃圾污染综合治理、工业废水治理及资源化、生态环境修复，可提供一系列的修复技术及组合工艺，提供一站式、定制化服务，如高难度废水方面可实现高浓度难降解废水的深度处理、近零排放及资源化，湿垃圾资源利用（有机垃圾）、垃圾污染削减方面可提供全流程、全量化解决方案。如营盘壕煤矿矿井水深度处理项目采用"预处理+多级膜高效浓缩+多效强制蒸发结晶+分盐"的处理工艺，处理规模 $3000m^3/h$，项目实施后每年可减少盐排放量约 7.8 万吨，每天可提供 $65000m^3$ 以上的可利用水源，减少了地下水取水量，实现了水资源的节约及循环利用，项目获得"国家重点环境保护实用技术示范工程"；溧水天山厨余垃圾处理项目，设计处理规模为 500 吨/天，每天最大可产生 1.5 万立方米的沼气，年处理厨余垃圾 16.50 万吨。

通过科技创新与成果的产业化应用，万德斯在环保领域减污降碳方面做出了较大贡献，也将国家级专精特新"小巨人"企业、环保装备制造规范条件企业、中国节能减排企业贡献奖、工业废水近零排放及资源化技术创新企业、"城市有机固废全流程综合服务"领先企业、江苏省科技创新发展奖（优秀企业）、江苏省先进制造业和现代服务业深度融合发展试点企业、江苏省服务型制造示范企业等一系列荣誉收入囊中。

路径篇

第十章　科技支撑高成长企业碳达峰行动

党的十八大以来，我国在绿色低碳科技创新发展方面取得了长足进步，但与碳达峰行动的要求仍存在差距。要发挥科技创新的支撑引领作用，完善科技创新体制机制，强化创新能力，加快绿色低碳科技革命。

第一节　高成长企业碳达峰的科技支撑逻辑

科技创新支撑是我国实现碳达峰碳中和的必由路径，而重点企业的碳减排与碳中和是关键。企业实现碳达峰碳中和目标，既是所面临的时代挑战，也是提高竞争力实现自身可持续发展的历史机遇。根据施耐德电气2023年《奔向长青——碳中和及可持续发展高管洞察》报告，企业减碳意识大幅度提升，制定明确碳中和时间表的企业显著增加；企业减碳动力正从外压转向内生，"社会责任""降低成本""下游用户需求""品牌价值""出口因素"成为内生动力；绿色低碳正成为企业的核心竞争力，绿色低碳的产品或服务可以获得竞争优势或溢价。目前，新能源技术利用效率、绿色低碳技术推广应用甚至相关技术创新的体系化能力建设等方面仍然存在不足之处。当企业面对绿色转型的机遇与挑战，以"战略引领""组织革新""技术创新"赋能可持续发展，促进经济效益与社会效益的双赢。因此，充分发挥企业战略科技力量和各类创新主体作用，深入推进跨专业、跨领域深度协同、融合创新，构建适应碳达峰碳中和目标的科技创新体系至关重要。

一 战略引领：管理决策支撑

在国家政策、地方驱动、市场导向和内部管理四大因素的驱动下，高成长企业应编制战略规划，将"双碳"目标与自身核心战略相关联，引导"绿碳"提质增效提升价值转化效能，形成绿色低碳核心竞争优势，走向高质量发展道路。高成长企业碳排放管理体系建设具有必要性和迫切性，实施步骤包括技术标准、责任认领、行动支持和品牌建设等。作为开展碳达峰碳中和工作的前提，碳排放责任的准确划分对高成长企业的技术标准和责任认领的自觉性都提出了严峻挑战。高成长企业应加强科技创新对碳排放监测、计量、核算、评估、监管以及碳汇的技术体系和标准体系建设的支撑保障，为碳达峰碳中和工作提供管理决策支撑。聚焦高成长企业发展战略任务，评估明确主要部门碳中和技术选择以及分阶段亟须部署的重点研发任务清单并定期更新。

一是充分激发企业内部碳减排动力。高成长企业要建立起高效完善的碳中和体系，围绕碳中和各个环节的管理难点构建相应的管理和激励体系，将减碳融入主业，积极开拓碳中和新业务，形成正反馈的良好机制。企业要结合相关国际标准和地方实际要求，明确自身碳排放责任的技术范畴，建立起产品的全周期碳足迹。高成长企业应逐步优化管理和考核指标向碳"考核"转变，建立激励约束机制，从低碳技术研发、产品设计、运营管理、供应链管理等方面开展"碳"绩效考核工作，全面调动企业人员参与减碳的积极性，以实现在提高企业效益的同时不断降低企业自身和全供应链的碳排放。

二是健全企业的碳排放信息披露制度。高成长企业首先要强化对碳信息披露必要性的认知，主动将碳信息披露纳入企业核心发展战略。披露内容和形式可参考国际权威的碳信息披露标准和行业龙头企业的披露方式，遵循我国相关政策进行披露，确保合规性、及时性以及可靠性。高成长企业可以逐步建立起内部的碳信息披露监督系统，与政府监管、行业监督和第三方鉴证机构等共同形成有效的监督与促进机制。

三是建立"共生共益"的企业生态。高成长企业在明确碳减排主体责任的同时，制订绿色供应链计划，持续推进供应链上下游企业共同减排，带动供应链绿色低碳升级，合力实现供应链碳中和。与传统"股东至上"模式下企业对短期经济利益的单纯追求不同，"双碳"背景下，高成长企业应更多关注非经济利益，并为打造端到端绿色供应链采取相关措施，树立长期价值导向，建立以低碳为导向的使命、愿景和价值观，从而进一步形成共生共益的企业生态。

二 技术驱动：产品工艺创新支撑

技术创新是驱动能源结构转型的引擎，是增强企业减碳能力，实现碳中和目标的根本途径。高成长企业应重视低碳转型对技术创新和技术改进的激励作用，关注工艺降碳技术、清洁能源生产和利用技术。为达成碳达峰碳中和的目标，企业须从绿色产品设计、供应链的绿色转型、能源结构的调整、生产方式的创新改造等来开展。产品结构调整的重点是提升产品附加值，从而降低单位增加值能耗和碳排放强度。通过推广使用绿色技术、工艺、设备、材料，高成长企业不仅能够提高原材料的利用率，减少能耗，降低成本，更能提升产品品质、科技含量和品牌附加值。

一是开发生态产品。通过绿色产品设计，以及推进绿色供应链，采用绿色材料，尤其是循环可再生材料的使用（如再生钢、再生铝、再生塑料等），强调在能源开发、生产、加工、储运等各环节，提升能源资源利用水平，降低产品使用中的能源消耗，全面降低产品使用过程中的碳排放。从长远来讲，高成长企业的绿色转型与高质量发展，最终还是体现在绿色产品、绿色供应链方面的核心竞争能力。高成长企业要探索生态产品价值实现机制，积极开展"碳中和"试点，加快"绿碳"项目开发，生产更多以碳汇为主的生态产品，推进"绿碳"增汇行动。

二是推进工艺流程减碳。基于企业现有的产品结构、技术架构、工艺设备能力、能源结构，先从能源管理、节约能源、提高生产效率、减少各种浪费的管理措施着手，建立能源管理体系、碳排放管理体系，降低企业生产过程中的碳排放。高成长企业着眼于生产方式的创新与改造，引进节能高效的生产方式与加工设备，淘汰高耗能设备,同时大力推进能源结构的调整,加大可再生能源的生产与使用,如工厂内安装太阳能、风能,利用储能技术,以及大量使用绿电的方式以降低生产过程中的碳排放。在生产过程中利用碳减排技术提高能源利用率,将推动产业形式逐渐发展为清洁型的方式。在物流运输环节更多采用低能耗、高能效、绿色新能源交通工具等先进物流运输方式,降低物流运输过程中的碳排放。

三是研发新能源技术。为了达成"双碳"目标,高成长企业要实现能源方面技术更新迭代,推动生产工艺流程零碳再造。使用低碳材料降低碳排放、使用非碳能源降低碳排放,通过技术提升来提供更加核心的产品,使企业进入供应链更核心的环节,从而切入拥有更高附加值的产业链中去。针对能源消费量占比高的问题,高成长企业须围绕传统能源清洁低碳利用,在清洁智慧火电等煤炭清洁高效利用关键技术和装备、高效分布式供能、工业装备和工艺过程的共性能效提升技术、数据中心净零排放等方面部署一批关键技术,实现能效水平持续提升,促进传统能源高效清洁低碳化利用。

三 组织革新:组织架构形态支撑

碳中和目标是企业转型升级与高质量发展的战略核心,构建与绿色低碳发展战略相融合的组织体系,助力战略落地。组织结构的调整是公司贯彻可持续发展、实现绿色低碳发展的重要保障。高成长企业通过优化组织架构、变革组织结构来推动低碳管理,在全公司层面搭建数字化平台,形成生产经营的碳排放足迹,帮助分析碳排放来源。此外,企业董事层各部门须相互合作,从战略、绩效、人事、治理和监督等方面对可持续发展进行相应安排。

一方面,设立低碳相关部门与制度。企业变革组织架构,进行职责调整,针对传统的上下游业务结构进行变革,设立新的业务板块,新的组织结构使其能够不断推进公司绿色转型战略,共同推动公司实现低碳发展。首先,强化公司上游业务的一体化,加强风险管控;其次,将替代能源从下游业务部门独立,提高替代能源的战略地位;最后,改变传统的上游、下游类型的业务模式,转而设立新的业务部门体系,分别对应战略的重点领域与行动。在管理层面,高成长企业通过成立可持续发展委员会负责监管公司发展是否符合可持续发展框架要求、是否达到公司发展目标，定期召开会议及时反馈安全、运营与可持续发展风险。在员工层面，高成长企业通过薪资、奖金、宣传鼓励等方式推动员工践行低碳办公、低碳生活，将高管、员工的薪酬奖金与可持续减排相挂钩，对实践减排的员工行为进行奖励，践行低碳出行。

另一方面，推进数字化整合。通过数字化技术提升能源使用效率对于大多数企业来说仍是实现可持续发展的最佳途径。数字化是引领企业高质量发展的助力器，基于"智能数据统计+远程控制+大数据统计"的非接触式的成套方案，给高成长企业提供了很多的助力。高成长企业构建数据中台，由数据驱动为服务组织赋能，借助协同运营平台完成企业数字化整合，做到资源合理化利用。并利用系统平台自动化处理功能，自动释放企业内资源的占用，节约了企业资源，提升了利用效率。高成长企业可以利用数字化技术改善自身的生产运营，通过搭建碳足迹平台检测碳排放、提高公司以及上下游运营的透明度等举措推动碳减排，助力公司以及上下游净零排放。例如，搭建云计算模型、建设检测设施，以此对工业火炬的能源消耗量、能源燃烧效率进行统计，计算公司二氧化碳与甲烷排放量。此外，还可以将公司自身的数字化技术应用经验进行拓展，转化为相关业务，在进一步提高公司数字化能力的同时助力全球碳中和。例如，利用数字化技术制定碳减排规划，为城市、企业和家庭提供能源规划以及碳减排规划服务，帮助其实现净零排放。

第二节　高成长企业碳达峰行动的技术支撑体系

企业碳达峰碳中和行动是一项全面、复杂的系统工程，需要在方方面面加强技术创新布局，以科技创新全方位支撑节能降碳，其技术支撑体系主要聚焦源头减量、过程控制、末端利用。高成长企业围绕支撑碳中和目标实现的零碳电力、零碳非电能源、原料/燃料与过程替代、CCUS/碳汇与负排放、集成耦合与优化技术等关键技术方向，开展碳减排技术预测和评估,致力于化石能源高效清洁利用、可再生能源、先进核能、储能与多能融合等方面关键核心技术的多点突破与集成创新。通过科技创新推动能源结构优化调整,促使核能、太阳能、风能等绿色低碳能源成为能源消耗增量主体,积极构建以新能源为主的新型能源系统;开展生产过程节能减碳关键技术创新,有效降低生产过程中所产生的碳排放,同时积极研发资源循环利用的关键技术,提升整体资源利用效率。高成长企业依托在新能源科技和低碳技术领域的优势基础,针对"双碳"目标对前沿/颠覆性技术的显著需求,围绕负碳技术、二氧化碳转化利用技术、新一代核能技术等方向,开展深入持续的基础性研究。

一 能源绿色低碳转型支撑技术

聚焦国家能源发展战略任务,立足以煤为主的资源禀赋,抓好煤炭清洁高效利用,增加新能源消纳能力,推动煤炭和新能源优化组合,保障国家能源安全并降低碳排放,是我国低碳科技创新的重中之重。目前,能源绿色低碳转型的支撑技术分别有煤炭清洁高效利用、新能源发电、智能电网、储能技术、可再生能源非电利用、氢能技术、节能技术等。针对能源绿色低碳转型迫切需求,加强基础性、原创性、颠覆性技术研究,为煤炭清洁高效利用、新能源并网消纳、可再生能源高效利用,以及煤制清洁燃料和大宗化学品等提供科技支撑。到 2030 年,大幅提升能源技术自主创新能力,带动化石能源有序替代,推动能源绿色低碳安全高效转型。

专栏一 能源绿色低碳转型支撑技术

煤炭清洁高效利用。加强煤炭先进、高效、低碳、灵活智能利用的基础性、原创性、颠覆性技术研究。实现工业清洁高效用煤和煤炭清洁转化,攻克近零排放的煤制清洁燃料和化学品技术;研发低能耗的百万吨级二氧化碳捕集利用与封存全流程成套工艺、关键技术。研发重型燃气轮机和高效燃气发动机等关键装备。研究掺氢天然气、掺烧生物质等高效低碳工业锅炉技术、装备及检测评价技术。

新能源发电。研发高效硅基光伏电池、高效稳定钙钛矿电池等技术,研发碳纤维风机叶片、超大型海上风电机组整机设计制造与安装试验技术、抗台风型海上漂浮式风电机组、漂浮式光伏系统。研发高可靠性、低成本太阳能热发电与热电联产技术,突破高温吸热传热储热关键材料与装备。研发具有高安全性的多用途小型模块式反应堆和超高温气冷堆等技术。开展地热发电、海洋能发电与生物质发电技术研发。

智能电网。以数字化、智能化带动能源结构转型升级,研发大规模可再生能源并网及电网安全高效运行技术,重点研发高精度可再生能源发电功率预测、可再生能源电力并网主动支撑、煤电与大规模新能源发电协同规划与综合调节技术、柔性直流输电、低惯量电网运行与控制等技术。

储能技术。研发压缩空气储能、飞轮储能、液态和固态锂离子电池储能、钠离子电池储能、液流电池储能等高效储能技术;研发梯级电站大型储能等新型储能应用技术以及相关储能安全技术。

可再生能源非电利用。研发太阳能采暖及供热技术、地热能综合利用技术,探索干热岩开发与利用技术等。研发推广生物航空煤油、生物柴油、纤维素乙醇、生物天然气、生物质热解等生物燃料制备技术,研发生物质基材料及高附加值化学品制备技术、低热值生物质燃料的高效燃烧关键技术。

氢能技术。研发可再生能源高效低成本制氢技术、大规模物理储氢和化学储氢技术、大规模及长距离管道输氢技术、氢能安全技术等;探索研发新型制氢和储氢技术。

节能技术。在资源开采、加工,能源转换、运输和使用过程中,以电力输配和工业、交通、建筑等终端用能环节为重点,研发和推广高效电能转换及能效提升技术;发展数据中心节能降耗技术,推进数据中心优化升级;研发高效换热技术、装备及能效检测评价技术。

资料来源:《科技支撑碳达峰碳中和实施方案(2022—2030 年)》

二 低碳与零碳工业流程再造技术

针对钢铁、水泥、化工、有色等重点工业行业的高成长企业绿色低碳发展需求,以原料燃料替代、短流程制造和低碳技术集成耦合优化为核心，深度融合大数据、人工智能、第五代移动通信等新兴技术，引领高碳工业流程的零碳和低碳再造和数字化转型。目前，低碳与零碳工业流程再造技术重点有低碳零碳钢铁、低碳零碳水泥、低碳零碳化工、低碳零碳有色、资源循环利用与再制造技术等。瞄准产品全生命周期碳排放降低，加强高品质工业产品生产和循环经济关键技术研发，加快跨部门、跨领域低碳零碳融合创新。到2030年，形成一批支撑降低粗钢、水泥、化工、有色金属行业二氧化碳排放的科技成果，实现低碳流程再造技术的大规模工业化应用。

专栏二　低碳零碳工业流程再造技术

低碳零碳钢铁。研发全废钢电炉流程集成优化技术、富氢或纯氢气体冶炼技术、钢—化一体化联产技术、高品质生态钢铁材料制备技术。低碳零碳水泥。研发低钙高胶凝性水泥熟料技术、水泥窑燃料替代技术、少熟料水泥生产技术及水泥窑富氧燃烧关键技术等。

低碳零碳化工。针对石油化工、煤化工等高碳排放化工生产流程，研发可再生能源规模化制氢技术、原油炼制短流程技术、多能耦合过程技术，研发绿色生物化工技术以及智能化低碳升级改造技术。

低碳零碳有色。研发新型连续阳极电解槽、惰性阳极铝电解新技术、输出端节能等余热利用技术，金属和合金再生料高效提纯及保级利用技术，连续铜冶炼技术，生物冶金和湿法冶金新流程技术。

资源循环利用与再制造。研发废旧物资高质循环利用、含碳固废高值材料化与低碳能源化利用、多源废物协同处理与生产生活系统循环链接、重型装备智能再制造等技术。

资料来源：《科技支撑碳达峰碳中和实施方案（2022—2030年)》

三　负碳及非二氧化碳温室气体减排技术

围绕碳中和愿景下对负碳技术的研发需求，着力提升负碳技术创新能力。聚焦碳捕集利用与封存（CCUS）技术的全生命周期能效提升和成本降低，当前以二氧化碳捕集和利用技术为重点，开展CCUS与工业过程的全流程深度耦合技术研发及示范；着眼长远加大CCUS与清洁能源融合的工程技术研发，开展矿化封存、陆上和海洋地质封存技术研究，力争到 2025 年实现单位二氧化碳捕集能耗比 2020 年下降 20%，到 2030 年下降 30%，实现捕集成本大幅下降。加强气候变化成因及影响、陆地和海洋生态系统碳汇核算技术和标准研发，突破生态系统稳定性、持久性增汇技术，提出生态系统碳汇潜力空间格局，促进生态系统碳汇能力提升。加强甲烷、氧化亚氮及含氟气体等非二氧化碳温室气体的监测和减量替代技术的研发及标准研究，支撑非二氧化碳温室气体排放下降。

专栏三　CCUS、碳汇与非二氧化碳温室气体减排技术

CCUS 技术。研究 CCUS 与工业流程耦合技术及示范、应用于船舶等移动源的 CCUS 技术、新型碳捕集材料与新型低能耗低成本碳捕集技术、与生物质结合的负碳技术（BECCS），开展区域封存潜力评估及海洋咸水封存技术研究与示范。

碳汇核算与监测技术。研究碳汇核算中基线判定技术与标准、基于大气二氧化碳浓度反演的碳汇核算关键技术，研发基于卫星实地观测的生态系统碳汇关键参数确定和计量技术、基于大数据融合的碳汇模拟技术，建立碳汇核算与监测技术及其标准体系。

生态系统固碳增汇技术。开发森林、草原、湿地、农田、冻土等陆地生态系统和红树林、海草床和盐沼等海洋生态系统固碳增汇技术，评估现有自然碳汇能力和人工干预增强碳汇潜力，重点研发生物炭土壤固碳技术、秸秆可控腐熟快速还田技术、微藻肥技术、生物固氮增汇肥料技术、岩溶生态系统固碳增汇技术、黑土固碳增汇技术、生态系统可持续经营管理技术等。研究盐藻/蓝藻固碳增强技术、海洋微生物碳泵增汇技术等。

非二氧化碳温室气体减排与替代技术。研究非二氧化碳温室气体监测与核算技术，研发煤矿乏风瓦斯蓄热及分布式热电联供、甲烷重整及制氢等能源及废弃物领域甲烷回收利用技术，研发氧化亚氮热破坏等工业氧化亚氮、含氟气体的替代、减量回收技术，研发反刍动物低甲烷排放调控技术等农业非二气体减排技术。

资料来源：《科技支撑碳达峰碳中和实施方案（2022—2030 年）》

四　前沿和颠覆性低碳技术

面向国家碳达峰碳中和目标和国际碳减排科技前沿，加强前沿和颠覆性低碳技术创新。围绕驱动产业变革的目标，聚焦新能源开发、二氧化碳捕集利用、前沿储能等重点方向基础研究最新突破，加强学科交叉融合，加快建立健全以国家碳达峰碳中和目标为导向、有力宣扬科学精神和发挥企业创新主体作用的研究模式，加快培育颠覆性技术创新路径，引领实现产业和经济发展方式的迭代升级。建立前沿和颠覆性技术的预测、发现和评估预警机制，定期更新碳中和前沿颠覆性技术研究部署。

专栏四　前沿和颠覆性低碳技术

新型高效光伏电池技术。研究可突破单结光伏电池理论效率极限的光电转换新原理，研究高效薄膜电池、叠层电池等基于新材料和新结构的光伏电池新技术。

新型核能发电技术。研究四代堆、核聚变反应堆等新型核能发电技术。

新型绿色氢能技术。研究基于合成生物学、太阳能直接制氢等绿氢制备技术。

前沿储能技术。研究固态锂离子、钠离子电池等更低成本、更安全、更长寿命、更高能量效率、不受资源约束的前沿储能技术。

电力多元高效转换技术。研究将电力转换成热能、光能，以及利用电力合成燃料和化学品技术，实现可再生能源电力的转化储存和多元化高效利用。

二氧化碳高值化转化利用技术。研究基于生物制造的二氧化碳转化技术，构建光—酶与电—酶协同催化、细菌/酶和无机/有机材料复合体系二氧化碳转化系统，制备淀粉、乳酸、乙二醇等化学品；研究以水、二氧化碳和氮气等为原料直接高效合成甲醇等绿色可再生燃料的技术。

空气中二氧化碳直接捕集技术。加强空气中直接捕集二氧化碳技术理论创新，研发高效、低成本的空气中二氧化碳直接捕集技术。

资料来源：《科技支撑碳达峰碳中和实施方案（2022—2030 年）》

五 城乡建设与交通低碳零碳技术

围绕城乡建设和交通领域绿色低碳转型目标，以脱碳减排和节能增效为重点，大力推进低碳零碳技术研发与示范应用。推进绿色低碳城镇、乡村、社区建设、运行等环节绿色低碳技术体系研究，加快突破建筑高效节能技术，建立新型建筑用能体系。到 2030 年，建筑节能减碳各项技术取得重大突破，科技支撑实现新建建筑碳排放量大幅降低，城镇建筑可再生能源替代率明显提升。突破化石能源驱动载运装备降碳、非化石能源替代和交通基础设施能源自洽系统等关键技术，加快建设数字化交通基础设施，推动交通系统能效管理与提升、交通减污降碳协同增效、先进交通控制与管理、城市交通新业态与传统业态融合发展等技术研发，促进交通领域绿色化、电气化和智能化。力争到 2030 年，动力电池、驱动电机、车用操作系统等关键技术取得重大突破，新能源汽车安全水平全面提升，纯电动乘用车新车平均电耗大幅下降；科技支撑单位周转量能耗强度和铁路综合能耗强度持续下降。

专栏五 城乡建设与交通低碳零碳技术

光储直柔供配电。研究光储直柔供配电关键设备与柔性化技术，光伏建筑一体化技术体系，区域—建筑能源系统源网荷储用技术及装备。

建筑高效电气化。研究面向不同类型建筑需求的蒸汽、生活热水和炊事高效电气化替代技术和设备，研发夏热冬冷地区新型高效分布式供暖制冷技术和设备，以及建筑环境零碳控制系统，不断扩大新能源在建筑电气化中的使用。

热电协同。研究利用新能源、火电与工业余热区域联网、长距离集中供热技术，发展针对北方沿海核电余热利用的水热同产、水热同供和跨季节水热同储新技术。

低碳建筑材料与规划设计。研发天然固碳建材和竹木、高性能建筑用钢、纤维复材、气凝胶等新型建筑材料与结构体系；研发与建筑同寿命的外围护结构高效保温体系；研发建材循环利用技术及装备；研究各种新建零碳建筑规划、设计、运行技术和既有建筑的低碳改造成套技术。

新能源载运装备。研发高性能电动、氢能等低碳能源驱动载运装备技术，突破重型陆路载运装备混合动力技术以及水运载运装备应用清洁能源动力技术、航空器非碳基能源动力技术、高效牵引变流及电控系统技术。

绿色智慧交通。研发交通能源自洽及多能变换、交通自洽能源系统高效能与高弹性等技术，研究轨道交通、民航、水运和道路交通系统绿色化、数字化、智能化等技术，建设绿色智慧交通体系。

资料来源：《科技支撑碳达峰碳中和实施方案（2022—2030年）》

第三节　科技支撑高成长企业碳达峰的发展路径

党的二十大报告指出，要"积极稳妥推进碳达峰碳中和"。中国提出2030年前实现碳达峰、2060年前实现碳中和的目标。要实现这一目标，应充分发挥科技创新的支撑作用，促使我国能源结构不断优化，促进碳排放强度下降，推动产业结构调整。实现碳达峰碳中和是一场广泛而深刻的经济社会系统性变革，科技创新是企业实现碳达峰碳中和的关键支撑。2022年8月，科技部等九个部门联合印发《科技支撑碳达峰碳中和实施方案（2022—2030年）》，系统提出统筹绿色低碳企业培育、核心技术攻关、成果示范应用、科技人才培养和国际合作等措施，为科技支撑高成长企业碳达峰碳中和目标提供方向指南。根据施耐德电气2023年《奔向长青——碳中和及可持续发展高管洞察》报告，近60%的企业表示没有足够的技术支撑减碳落地，在工艺减碳和新能源技术方面急需提升。因此，构建有利于碳达峰碳中和的政策体系对高成长企业实现碳达峰碳中和目标至关重要，以此实现从资源依赖向技术驱动转变，推动与之相适应的科技创新政策系统转型。

一 加强科技载体建设，夯实基础性力量

创新载体既是技术成果孕育、孵化、转化和产业化的重要平台，也是促进产业链与创新链深度融合的关键抓手。需要不断加大"双碳"领域创新载体建设力度，提高资源集聚能力，为高成长企业实现"双碳"目标提供有力支撑。推动"双碳"相关部门之间密切配合，建设完善"基础研究＋技术攻关＋成果产业化＋科技金融＋人才支撑"全过程生态链，不断提升科创载体能级水平。

一是强化企业创新主体地位。引导企业研究制定科技创新行动方案，明确科技攻关路线。支持龙头企业牵头建立绿色技术创新联合体，鼓励企业牵头或参与财政资金支持的绿色技术研发项目、市场导向明确的绿色技术创新项目，提高企业牵头承担"双碳"科技项目的比例。构建绿色低碳产业体系，实施重点行业领域减污降碳行动，大力推进能源科技创新，制定能源行业碳达峰碳中和目标路线图，促进低碳、零碳、负碳技术的开发、应用和推广，加强示范工程的建设，实现传统产业低碳转型和技术升级。

二是培育绿色低碳科技领军企业。支持地方建立一批专注于绿色低碳技术的科技企业孵化器、众创空间等公共服务平台和创新载体，做大绿色科技服务业，深度孵化一批掌握绿色低碳前沿技术的"硬科技"企业。支持绿色低碳领域创新基础好的各类企业，逐步发展成为科技领军企业，支持其牵头组建创新联合体承担国家重大科技项目。根据企业的不同需求提供全方位、全资源、全流程的科技服务，重点包括高新技术企业认定、各级科技项目申报辅导和各类政策解读分析等，为企业"量身定制"个性化方案，并链接各类资源。

三是搭建科技创新服务平台。以市场为导向，推动科技企业共同布局建设企业研究院、新型研发机构等重大科创平台。积极举办绿色低碳企业专业赛事，设立绿色低碳技术专场赛，搭建核心技术攻关交流平台，为绿色低碳科技企业对接各类创新资源。建设低碳技术知识产权专题数据库，不断提升低碳科技企业知识产权信息检索分析利用能力。支持龙头企业、科研院所搭建低碳技术验证服务平台，开放技术资源，为行业提供技术验证服务。构建科技创新服务中心，促进

"双碳"领域科技创新资源统筹配置水平的提升。围绕能源智慧管理、碳排放核算与监测等领域，布局建设跨学科交叉、跨领域融合、多主体协同的科技公共服务平台，为各行业、各园区、各企业提供高水平的碳排放核算、能源管理、数据检测等服务。

二 加大核心技术攻关，积蓄关键性力量

面向碳达峰碳中和目标需求，高成长企业需着力加强低碳科技创新的系统部署，推进低碳技术体系建设，提升创新驱动合力和创新体系整体效能。在技术研发和创新方面，共同解决碳达峰碳中和领域的关键核心技术，推动高成长企业在绿色能源，工业节能减碳，碳捕获、储存与利用，低碳建筑，绿色智能交通，废弃物综合利用，生态固碳，环境保护等关键领域加强关键核心技术研究。

一是加强低碳技术布局与攻关。充分发挥企业创新主体作用，支持企业加快绿色低碳重大科技攻关，积极承担国家绿色低碳重大科技项目，力争在低碳、零碳、负碳先进适用技术方面取得突破。布局化石能源绿色智能开发和清洁低碳利用、新型电力系统、零碳工业流程再造等低碳前沿技术攻关，深入开展智能电网、抽水蓄能、先进储能、高效光伏、大容量风电、绿色氢能、低碳冶金、现代煤化工、二氧化碳捕集利用与封存等关键技术攻关，鼓励加强产业共性基础技术研究，加快碳纤维、气凝胶等新型材料研发应用。加强绿色氢能示范验证和规模应用，推动建设低成本、全流程、集成化、规模化的二氧化碳捕集利用与封存示范项目。

二是实施核心技术攻关行动。强化清洁技术战略科技力量，全面推进绿色低碳科技创新，推动核心技术突破，打造市场化应用的技术优势和成本优势。围绕构建新能源技术体系，建立清洁能源国家实验室，实现光伏、风电、核电关键核心技术自主可控，保障产业链、供应链安全。加大新型储能技术研发力度，结合人工智能、大数据构建新型安全的清洁电力替代系统。针对高碳排放重点行业，推动绿色技术研发，实现生产工艺的绿色低碳升级。加大CCUS技术研发力度，通过多场景和规模化应用降低成本、减少能耗。面向资源节约，布局研发碳循环利用技术，开发不同种类废弃物再利用技术和节能环保技

术。建立绿色低碳科技创新服务平台，推动绿色低碳技术实现重大突破，部署低碳前沿技术研究，推广减污降碳技术。

三是建设科技创新项目支持体系。采取"揭榜挂帅"等机制，设立专门针对碳达峰碳中和科技创新的重大项目；国家重点研发计划在可再生能源、新能源汽车、循环经济、绿色建筑、地球系统与全球变化等方向实施一批重点专项，充分加大低碳科技创新的支持力度；国家自然科学基金实施"面向国家碳中和的重大基础科学问题与对策"专项项目；在可再生能源、规模化储能、新能源汽车等绿色低碳领域加强全国重点实验室建设；在工业节能与清洁生产、绿色智能建筑与交通、CCUS等方向建设国家技术创新中心。

三 强化技术示范应用，打造战略性力量

支持高成长企业加快绿色低碳新技术、新工艺、新装备的应用，强化绿色低碳技术成果应用，布局研发清洁煤电、先进储能等一批攻关任务，有效支撑"碳达峰碳中和"目标实现。组织高成长企业开展煤炭清洁高效利用科研攻关，强化创新协同，打造相关领域原创技术"策源地"。以促进成果转移转化为目标，开展一批典型低碳零碳技术应用示范，建成不同类型的重点低碳零碳技术应用示范工程，形成一批先进技术和标准引领的节能降碳技术综合解决方案。

一是加速低碳技术成果转移转化。出台支持企业开展低碳技术的研发和产业化的政策，促进绿色创新成果转化应用。鼓励国家高新区引导企业建设绿色技术验证中心、绿色技术创新中心、绿色技术工程研究中心等创新平台，开展绿色技术攻关和示范应用。研究实施绿色低碳技术重大创新成果考核奖励，激励企业扩大绿色低碳首台（套）装备和首批次新材料应用。推动企业实施绿色低碳领域重大科技成果产业化示范工程，发挥重大工程牵引带动作用，推动绿色低碳重大先进技术成果示范应用。

二是制定低碳零碳负碳技术标准。支持区内企业、高等学校、科研院所探索建立绿色技术标准及服务体系，推广运用减碳、零碳、负碳技术和装备。建立低碳科技成果转化数据库，形成登记、查询、公布、应用一体化的信息交汇系统。加快推动强制性能效、能耗标准制

（修）订工作，完善新能源和可再生能源、绿色低碳工业、建筑、交通、CCUS、储能等前沿低碳零碳负碳技术标准，加快构建低碳零碳负碳技术标准体系。

三是打造低碳技术创新综合示范区域。支持地方集成创新要素，实施低碳技术重大项目和重点示范工程，探索低碳技术和管理政策协同创新，打造低碳技术创新驱动低碳发展典范。支持国家高新区等重点园区实施循环化、低碳化改造，开展跨行业绿色低碳技术耦合优化与集成应用。与有条件的地方和科技园区协同联动，带动产业链上下游各类企业推广应用先进成熟技术，打造综合示范区域。

四 加快科技人才引培，筑牢保障性力量

人才是科技创新的原动力，是科技支撑体系的根基。围绕重点行业领域，面向前沿领域，依托创新平台和龙头企业，引进与培养大量高层次领军人才和青年科学家，培养一批科技成果转化及技术服务人才，形成一支绿色低碳技术创新团队，为高成长企业绿色低碳科技创新提供人才支撑。根据高成长企业所在产业需要和行业特点，通过企业实践锻炼、产学研合作、专业培训等方式，培养高素质创新型绿色低碳技术人才和管理人才。

一是引进高端研究队伍。一方面，培养战略科学家、科技领军和创业人才。在国家重大科研项目组织、实施和管理过程中发现和培养一批战略科学家、科技领军人才和创新团队，依托国家双创基地、科技企业孵化器等培养一批高层次科技创新创业人才。另一方面，加强青年科技人才培养储备。在人才计划中，加大对碳达峰碳中和青年科技人才的支持力度，在国家重点研发计划、国家自然科学基金等科研计划中设立专门的青年项目，加大对碳达峰碳中和领域的倾斜，培养一批聚焦前沿颠覆性技术创新的青年科技人才。

二是强化创新人才培养。对标《科技支撑碳达峰碳中和实施方案（2022—2030年）》要求，推动江苏争创国家绿色低碳创新基地，加强项目、基地和人才协同发展，提升创新驱动合力。聚焦"产业人才图谱"，通过划拨专款支持全省高校和科研机构学者的创新研究，大力推进"双碳"人才培养和学科专业建设工作，打造专业领军人才。

长期稳定持续支持实现"双碳"目标的前瞻技术、突破性技术、关键"卡脖子"技术等重大科学问题的研究,实行首席科学家专职负责制。结合技术成熟度、产业成熟度等分阶段实施"先进储能技术""新能源电力技术""可再生能源制氢""新能源领域关键材料"等基础研究与人才培养。

三是完善人才服务体系。推动构建以能力、质量、贡献为导向的科技人才评价体系,形成有利于科技人才潜心研究和创新的评价制度,完善科研人员晋升机制,改善薪酬分配管理办法,不断优化创新生态环境。以人才需求为导向,借鉴国际人才管理与服务的经验,因地制宜创新江苏人才服务工作,为人才提供职称评定、医疗、社会保险、住房、子女就学、配偶就业等消费优惠和便利服务。遵循人才集聚规律,让不同类别、不同层次的人才都能找到适合自身特点和发展定位的创新创业舞台,努力营造"引得进、留得住、用得好"的人才发展环境。

五 协同多元主体参与,汇聚多边性力量

积极开展国际国内交流合作,推动高成长企业强化绿色低碳交流合作,服务绿色"一带一路"建设。积极支持高成长企业深度参与国际低碳、零碳、负碳及增汇技术创新合作,鼓励高校、院所、企业积极参加低碳零碳负碳增汇领域国际技术交流活动,积极开展绿色低碳技术领域的技术转移和产能合作。鼓励政府、企业、社会组织和公众等多元主体协同参与生态治理,凝聚共治合力,拓宽科技创新赋能企业绿色低碳发展的广度,逐步形成多元主体共治共享的新局面。

一是制定技术创新国际化战略,促进竞争前阶段技术研发的多边合作。围绕"绿色氢能"等前瞻性、颠覆性、突破性技术,与国际第三方组织联合设立专项基金,鼓励国内外能源企业、高校、科研机构与行业组织形成技术创新联合体,以加强竞争前阶段技术研发;支持吸引世界各国优秀人才前来我国从事科学研究和交流合作,提升我国基础研究的开放度;参与碳达峰碳中和相关的国际新规则、标准的制定,提升我国在能源技术标准与国际贸易规则制定方面的参与度与话语权;创新合作模式,搭建国内外产学研三方共建联合培养实践基地。以政府间协议推动更广范围和更深层次的区域间合作。

二是开展绿色低碳交流合作。要与国内上下游企业、技术研发机构等加强交流合作，促进绿色低碳产品、技术、方案的推广应用，推动产业链实现绿色协同发展，共建绿色产业生态。要积极参与绿色技术、绿色装备、绿色服务、绿色基础设施等领域的国际合作，促进高质量、高技术、高附加值绿色产品贸易。推动高成长企业强化绿色低碳经贸、技术国际交流合作，大力发展高质量、高技术、高附加值的绿色产品贸易，推动绿色低碳产品、服务和标准"走出去"，严格管理高耗能高排放产品出口。深化与共建"一带一路"国家和地区在绿色基建、绿色能源、绿色金融、绿色技术等领域的合作，优先采用低碳、节能、环保、绿色的材料与技术工艺，提高境外项目环境可持续性，打造绿色、包容的"一带一路"合作伙伴关系。

三是搭建低碳技术国际合作平台。鼓励在海外布局省内龙头企业实现产品和技术同输出，在拓展国际市场的同时，积极示范绿色低碳技术解决方案。推动与创新型国家和"一带一路"沿线国家开展可再生能源等绿色低碳前沿技术领域的国际科研合作和技术交流。与有关国家探索联合建立碳中和技术联合研究中心和跨国技术转移机构，一方面，拓宽国际区域性合作从长三角、珠三角区域向内陆城市延伸，尤其是加强与我国传统能源密集区域的合作，促进国际可再生能源先进技术转移与产业化。另一方面，提高企业间合作深度，加大支持联合研发中心建设的力度；抓住中国"新基建"机遇，进一步将基础设施和产业技术能力相结合；加强中外智慧能源、智慧城市、智慧建筑等低碳绿色发展合作。

第十一章　财税支持高成长企业碳达峰行动

2022 年财政部印发《财政支持做好碳达峰碳中和工作的意见》，提出到 2025 年，财政政策工具不断丰富，有利于绿色低碳发展的财税政策框架初步建立，有力支持各地区各行业加快绿色低碳转型。2030 年之前，有利于绿色低碳发展的财税政策体系基本形成，促进绿色低碳发展的长效机制逐步建立，推动碳达峰目标顺利实现。2060 年之前，财政支持绿色低碳发展政策体系成熟健全，推动碳中和目标顺利实现。财政税收政策，理应在支持高成长企业碳达峰行动中发挥重要作用。

第一节　财政政策支持高成长企业碳达峰行动

实现碳达峰碳中和是贯彻新发展理念、构建新发展格局、推动高质量发展的内在要求，是党中央统筹国内、国际两个大局作出的重大战略决策。2021 年印发的《关于完整准确全面贯彻新发展理念做好碳达峰碳中和工作的意见》是党中央、国务院从战略高度对推进碳达峰碳中和工作作出的总体部署，指出财政支持实现碳达峰碳中和目标责无旁贷。同时，财政部出台《财政支持做好碳达峰碳中和工作的意见》，将支持碳达峰碳中和纳入财政工作全局，重点明确了清洁低碳安全高效的能源体系构建、绿色低碳科技创新能力建设、重点行业领域低碳绿色转型等方面坚决推动碳达峰碳中和工作落地见效。

一 财政政策支持高成长企业碳达峰的方向

目前,高成长企业普遍面临着项目收益有限、市场引导机制不完善以及缺乏融资和消费渠道等问题,而财政支持政策可以将一部分经济利益直接让渡给微观市场主体,且会影响到企业中长期的生产、投资、研发与经营决策,具体政策发展方向有以下三个方面。

(一)支持构建清洁低碳高效安全能源体系

一是落实新能源汽车推广应用财政补贴政策。持续完善新能源汽车补贴政策,不断提高补贴技术门槛,合理把握补贴标准退坡力度和节奏,推动新能源汽车产业高质量发展,高成长企业中不乏像知行汽车、伟速达汽车、奥特凯姆等成长型汽车制造企业。

二是实行可再生能源发电补贴政策。自2006年起,中央财政对可再生能源发电实行基于固定电价下的补贴政策,努力推动可再生能源高质量跃升发展。

三是鼓励非常规天然气开采利用。2019年起,纳入补贴范围的非常规天然气包括页岩气、煤层气、致密气等气种。按照"多增多补、冬增多补"的原则,非常规天然气补贴按照增量考核的梯级奖励方式,以结果为导向,鼓励企业不断增气上产。

(二)推进科技创新引领绿色低碳转型

一方面,通过支持组织实施中央财政科技计划(专项、基金等),对绿色低碳发展的高成长企业科研活动予以扶持,支持企业相关节能低碳新技术、新设备、新工艺推广,加快高耗能企业联合重组、上大压小、更新技术设备,推进工业向高端化、智能化绿色先进制造发展。

另一方面,统筹高成长企业在节能减排、污染防治等方面的资金,加大对能源、有色金属等重点高碳行业及关键环节的节能降碳支持力度,支持企业的余热回收综合利用,开展淘汰落后产能、燃煤锅炉治理、企业污染物排放提标改造,实施重点用能行业能效"领跑者"行动,持续引导优化企业的用能结构,推动减污降碳协同增效。

(三)开展重点行业领域碳达峰碳中和试点

首先,积极探索农业绿色发展典型模式,推进国家农业绿色发展先行区建设。其次,利用服务业发展引导资金,支持生产和生活性服务业聚集发展,促进企业从生产制造型向生产服务型转变。最后,支持推广绿色建筑技术示范,推动建筑材料循环利用,促进建筑超低能耗、近零能耗、低碳能耗规模化发展。同时,高成长企业所急需的研发支持配套制定尚未完善,对于开展政策落实工作的执法依据及完善财政支持体系的条款也应及时出台。

二 财政政策支持高成长企业碳达峰的问题

当前,尽管财政政策支持高成长企业碳达峰已经取得了一些成效,但仍然存在一些问题。

(一)解决财政政策分散碎片化问题

相关财政政策工具亟待进行统筹,现有政策的分配效应和公平问题未得到有效关注,特别是要聚焦瞄准应助力企业低碳转型实现"双碳"目标的关键环节和关键领域,要分类和协同分工各类财政政策工具的着力点,以放大政策协同的效果。此外,相关财政投入来源较为单一,目前财政政策工具主要依赖于财政资金投入,限制了财政资金投入的使用效果。从支持对象看,部分领域的财政政策堆积,导致资金和政策重复使用,有些甚至还引发部门之间的利益冲突。此外,诸如财政补贴对高成长企业关键技术创新的激励和补偿不足,尚未形成闭环治理体系等问题依然存在。

(二)解决财政政策的供需平衡问题

从实践情况看,财政政策在对高成长企业政策需求信息进行有效识别、分析、整合与反馈能力尚显不足,考虑到财政政策特性、财政资源能力约束和区域差异等因素,还需充分发挥市场机制对已有的要素资源优化配置的作用,保证促进财政政策供需匹配过程的稳定性与持续动态平衡,实现财政政策在使用者(企业)、决策者(政府)和服务机构(社会组织、公众)等参与主体间的政策供应链中进行全方位连接,增加财政政策有效供给,实现信息集成共享、资源供需契合基础上的政策供给与需求精准匹配。

(三)解决财政政策合理高效优化问题

现有财政政策组合存在片面性、不一致性和失衡性等问题,政策内容冲突较多、政策延续性差。一方面，要将低碳绿色理念根植于财政政策体系设计之中，充分发挥生态环境保护专项资金、生态补偿等多重政策组合所带来的协同效应。另一方面，制定政策时需要从整体角度重点论证政策组合如何有效促进"双碳"目标。强化政策闭环，建立政策清单和任务清单，立足全生命周期积极探索交叉政策手段，实现政策一体化效应。落实政策激励，扩围实行与企业绿色低碳转型挂钩的财政奖补机制，分类分档对域内高成长企业产业合作园区等一体化合作先行区进行财政配套支持。

三　财政政策支持高成长企业碳达峰的建议

《中共中央、国务院关于完整准确全面贯彻新发展理念做好碳达峰碳中和工作的意见》的出台，标志着碳达峰碳中和"1+N"政策体系正式启动和实施，财政政策作为国家治理基础和重要支柱，特别是在助力企业实现"双碳"目标过程中将发挥至关重要的作用，基于上述分析提出如下政策启示。

（一）财政直接投入方面

加大对高成长企业在"双碳"相关的基础研究方面的财政投入。基础研究时间长、投入大、直接经济效益不明显，应当采用财政直接投入的方式予以支持。一是纳入年度财政预算与中长期财政长期支持的范围，保持适度增长比例。二是设立"双碳"国家重大科研专项，揭榜挂帅、集中攻关，调动企业及院所科研人员的积极性。

（二）财政贴息和产业投资基金方面

加大"双碳"相关领域的公共研发投入，协同破局核心关键技术。实现"双碳"目标的关键是科技创新和技术突破，这是从基础研究向应用转化的中间环节，成本高、风险大，但一旦取得成功，也会带来巨额收益。根据这些特点，财政在此环节可以引导和降低投资风险为目标，以少量的财政投入为引子，引导协同攻关，为相关主体分担风险、降低成本。可使用财政贴息的方式，适当降低相关主体的风险成本，使用产业投资基金的方式，与相关主体共担风险、共享收益。比如，对于一些从事清洁能源的高成长企业，储能技术一直是影响企业持续发展亟须突破的技术难点，可以通过贴息和产业投资基金的方式，引导金融、企业、社会资本共同投入。再如，根据测算即使我国跨越了 75% 的脱碳水平后，要最终实现碳中和的目标，仍然会有 10% 的碳排放，这就必须依赖自然碳汇和直接空气碳捕获与封存等技术，财政可以通过贴息或产业投资基金的办法，组织这方面的高成长企业和科研机构协同创新和集体攻关，加快技术突破和成果应用。

（三）首台（套）设备保险补偿机制方面

要不断促进高成长企业的减碳技术装备的应用。为加快重大技术装备的国产化，我国于 2015 年开始对首台（套）重大技术装备给予保险补偿，在很大程度上缓解了国产设施进入市场和实际使用环节的"门槛"难题，受到企业的热烈欢迎。"双碳"建设中，可继续沿用这一做法，并做以下改进：将原来的认定管理调整为目录管理，根据重大技术装备、关键零部件、新材料、软件行业的发展情况列出所需的产品目录或技术目录，同时按年度对管理目录进行动态调整，企业可根据目录进行产品和技术的研发。这可以使整个补偿过程从原来的事后认定变为事前引导，以支持和引导高成长企业的研发、生产方向。

（四）设立减碳专项财政奖补资金

奖励减碳成绩突出的高成长企业。财政奖补是近年来在财政管理中应用较多的一种政策工具，主要适用于事前可加以引导、事中难以详细监管但事后易于认定的事项，有利于提高财政资金的使用绩效，精准政策支持事项。在支持企业的"双碳"转型发展中，可通过事先设立指标、事后进行财政奖补的方式，加大对高成长企业的减碳激励，如单位生产总值能耗财政奖惩制度、碳减排财政奖罚制度、温室气体减排财政奖罚制度、碳汇财政奖补制度以及水质、森林、空气质量等财政奖惩制度、生态产品质量和价值相挂钩的财政奖补机制、湿地生态财政奖补制度等。

第二节　税收政策支持高成长企业碳达峰行动

近年来，税收政策作为支持企业绿色发展的重要调控手段，在校正环境成本外部性、促进环境改善和应对气候变化方面能够发挥重要作用。目前我国已基本构建形成以环境保护税、资源税、耕地占用税、车船税为主体的"多税共治"以及所得税等税收优惠政策"多策组合"的绿色税收体系，有效助力了特别是以高成长企业为代表的绿色转型发展和美丽中国建设。随着中国式现代化等新战略目标的提出，税收支持政策服务高成长企业实现"碳达峰"绿色发展的要求更高、任务更重、使命更强。

一 税收政策服务高成长企业碳达峰的制度体系

税收作为政府宏观调控的重要政策工具，实践中，许多税收政策都是通过"奖""限"结合的方式引导包括高成长企业在内的各类市场主体行为来达到"碳达峰"目标的实现，主要包括三种方式：一是通过提高污染成本，纠正企业资源利用与开发的不合理行为，为高成长企业创造公平合理的市场竞争环境；二是促进高成长企业研发绿色低碳产品，增强企业自身核心竞争力；三是推动高成长企业绿色研发投入与转型，助力经济的可持续发展。主要的税收支持政策如下：

（一）车船税

《中华人民共和国车船税法》于 2012 年开始实施。该法明确对机动车辆和船舶征收车船税，但对节约能源、使用新能源的车船免税或减税，同时对乘用车按照排量从小到大递增税率，鼓励包括高成长企业在内的纳税人优先选择新能源、节约能源或小排量汽车，助力绿色出行。自《车船税法》实施以来，中国的新能源汽车迅速发展，新登记注册的新能源汽车由 2017 年的 65 万辆增加至 2021 年的 295 万辆，并且该数量仍在高速增长，绿色税制助力绿色出行、绿色发展的成效显著。

（二）环境保护税

《中华人民共和国环境保护税法》于 2018 年实施，明确国家对大气、水、固体废物和噪声征收环境保护税，既是绿色税制，也是助力企业实现"碳达峰"目标的最典型税种。环境保护税的税制设计体现了企业"多排放多交税、少排放少交税、低排放有优惠"的原则，鼓励企业进行环境保护投入，减少排放数量，降低排放浓度，助力绿色生产。以苏州为例,《环境保护税法》实施后,宏昌钢板等头部企业积极提标改造,实施超低排放标准,二氧化硫、氮氧化物等主要污染物下降明显。宏昌钢板2018年后累计投资85亿元提标改造,2021年二氧化硫、氮氧化物、烟尘3项主要应税污染物申报排放量较2018年分别下降了79.83%、68.11%、69.17%,入库环境保护税额由2018年的15199.45万元下降至2021年的3868.47万元,税负减少超亿元,实现了企业享优惠、环境得改善的双赢。

(三) 耕地占用税

《中华人民共和国耕地占用税法》于2019年开始实施,对企业占用耕地征收耕地占用税。耕地占用税实行幅度定额税率,税率随着人均耕地面积的减少而上升,并对基本农田加征50%,其旨在保护耕地尤其是永久基本农田这一宝贵资源,以确保粮食安全,助力绿色农业的可持续发展。

(四) 资源税

《中华人民共和国资源税法》于2020年开始实施,是以自然资源开发为征税对象,以合理调节自然资源开发收益、促进资源节约集约利用为目的而开征的另一典型绿色税种。煤炭、石油、天然气是当前资源税的主体税目,在"碳达峰碳中和"目标提出后,资源税的调节作用也有利于相关高成长企业减少对煤炭、石油、天然气等化石能源的消耗,有利于国家能源安全的保障。

(五) 所得税

企业所得税对高成长企业碳减排方面的支持力度主要体现在以下几个方面:一是在对节能、节水、资源综合利用和环保产品(设备、技术)优惠的基础上,加大对碳减排项目和碳减排设备的税收优惠力度。二是通过设计个人所得税抵免政策鼓励个人购买使用节能减排产品,如购买节能建筑、节能电器等给予一定比例的税收抵免;鼓励企业和个人对建筑、设备进行节能减排改造,相关支出可按一定比例在所得税前加计扣除或予以税收抵免。三是在将现有研发费用加计扣除改成税收抵免政策的基础上,对从事碳减排技术的研发支出、研发成果给予更优惠的税收鼓励。

（六）进口税收政策

主要通过对高成长企业"资源型、高能耗、高污染"的产品取消出口退税和降低退税率的方式进行调控，与此同时，不断完善现行关税、出口退税对"两高一资"产品的限制政策。加大鼓励先进节能环保技术设备特别是碳减排先进设备的进口税收优惠政策。

二 税收政策服务高成长企业碳达峰的短板局限

当前的绿色税收政策对助力绿色发展意义重大，但在实践中，囿于各种现实因素的客观存在，税收政策服务企业绿色发展不足的现状依然存在，其主要体现在以下几个方面。

（一）法定征税范围仍需扩大

目前法定的征税范围是远小于现实污染情况的。以《环境保护税法》为例，目前环境保护税明确征税对象为附录列举的44个大气污染物、65个水污染物、固体废物和工业噪声，未列举的污染物则不属于征税对象，因此，部分重要污染物也未被附录列举，挥发性有机物在"十四五"规划中取代二氧化硫成为污染物排放总量控制指标，但其目前作为一个整体却未成为应税污染物，使得环境保护税法与国家的环境保护总体规划存在一定脱节；资源税中征收资源税的只是矿产品、固体盐、液体盐，还有很多其他资源没有纳入征税范围，同时资源税的征税方法和依据还不够合理，不符合企业经营实际情况；消费税同样有征税范围不够广泛问题，除了目前的15个税目，其他很多消费品对环境的危害也是不容忽视的，但并没有纳入消费税之中。此外，"碳达峰碳中和"目标提出后，碳税的开征日益受到关注，而目前的绿色税制尚无相关的内容，绿色税制助力"碳达峰碳中和"的职能发挥尚有待加强。

（二）现有绿色税收征管机制仍有不足

我国绿色税制包括的四个税种较所得税、增值税等大税种来说，规模小、体量小、受到的重视程度不高，其在征管实践中面临着较多的现实困难：一是征管力量相对薄弱。所得税、增值税在税收征管中均由单独业务部门扎口管理，但四个绿色税种同土地增值税等多个财产与行为税种共属一个部门管理，实际负责人员每层级可能仅有一到两人,而该负责人员还同时承接其他工作,因此实际的征管力量是非常薄弱的。二是治理抓手缺失。绿色税种在征管上明显存在缺少有效的治理手段,比如环境保护税依赖于生态环境管理部门的数据共享以进行后续管理;车船税依赖于保险公司代收代缴,但对于船舶、挂车等车船税缺乏有效征缴手段,征收效率较低;耕地占用税依赖于自然资源管理部门制发的征收通知书,对临时占地等应税行为并无有效管理手段等。三是风险管理指标有待加强。虽然税务总局均已构建相应的风险管理指标体系,但整体指标准确度不高,以环境保护税为例,目前精准度在10%—20%,这一方面大量增加了基层的无效负担,另一方面也说明绿色税种风险管理仍存在明显不足。

(三) 绿色税制调节作用亟须提升

我国税收支持政策作为解决企业负外部效应问题的重要调控手段,其调节作用仍有进一步提升的空间,主要缘由在于以下两个方面:一是部分税率较低,调节作用发挥不显著,例如部分省市大气污染物环境保护税率仅为每污染当量数1.2元,污染外部成本仍主要由社会承担,企业税收负担低,减少污染的主观能动性不强,难以发挥税收的调节作用;我国环境保护税占总税收的比重在千分之一左右,远低于OECD国家的平均水平;耕地占用税占纳税人用地成本的比重较低,尤其是在耕地资源稀缺的经济发达地区,难以有效调控土地利用,这些都影响了绿色税种解决负外部效应问题的调节作用发挥。二是部分税种征管规定存在潜在漏洞。例如,法律规定,固体废物的产生者是固体废物环境保护税的企业纳税人,但若其将固体废物交给有资格的处置者,则无须纳税,而接收者因其并非固体废物的产生者也无须纳税,如果接收者未妥善处置而采用转移或扔弃,对此并无有效的管理手段,导致既规避了缴纳环境税又仍然造成环境污染,实需引起关注。此外,如何管理和调节间接排放行为,也是值得深思的问题。

三 税收政策服务高成长企业碳达峰的对策建议

绿色税收政策服务绿色发展十分重要,如何更好地发挥这一职能、更好地服务企业绿色发展、更好地服务中国式现代化，需要上下协同、共同努力。综合分析上述各类客观现状及背后原因，提出如下一些完善的方法与建议。

（一）进一步完善税制设计

进一步扩大征税范围，包括将挥发性有机物等重点污染物列为环境保护税征税对象，探索开征碳税，或将碳税作为环境保护税的一个重要征收品目，扩大环境保护税对企业污染行为调控的覆盖面；所得税中如"三免三减半"必须从取得经营收入的第一个纳税年度起算，使得收益率低、投资回收期长的高成长企业在项目初期很可能面临亏损状况，最终使企业难以享受税收优惠，不利于企业形成绿色生产方式和调动企业环境保护主动性；加快水资源税改革试点进度，并逐步稳妥推进到全国范围，探索启动在内蒙古、东北、江苏等地区进行草场、森林、滩涂等资源税的试点工作，为资源税法的进一步修改扩围做好充分准备。

（二）着力优化税收征管机制

应高度重视绿色税种专业人才培养工作，挖掘专业人才、加强业务培训，构建专职专业的人才队伍，确保绿色税制每一层级都有人管、有能力管、专业管；进一步完善绿色税种征收管理机制，着力加强与生态环境部门的协作共治，提升环境保护税大数据治税水平，探索依据自动监测数据自动预填申报模式，确保应收尽收；进一步加强税务部门与公安、海事部门的协作，确保挂车、船舶等非代收代缴车船税应征尽征；加强临时占地和复垦信息的即时传递，确保临时占地耕地占用税及时入库退库；强化资源税、环境保护税风险指标模型构建，通过反复验证调整有效提高指标精准度，并开展与增值税、土地增值税等税种的联动治理，切实加强对企业"增碳"行为的风险防控。

（三）充分发挥税种调节作用

部分税收政策的税率较低，企业违法成本并不高，与其环境治理成本相比几乎可以忽略不计，调节作用发挥有限，应当适当提高单位税率，提升纳税人的主动节能减排动力；加强政府间各部门的数据交换，如税务部门要与生态环境部门危险废物管理系统联网，对固体废物尤其是危险废物排放路径进行闭环追踪，确保全流程全环节绿色追踪，助力绿色发展；针对生态环境、自然资源等部门传递的绿色税收数据，进一步挖掘分析、充分利用，以数治税、以税养绿，用绿色税收涵养生态环境治理和资源节约集约利用，实现数据双向互动；坚持绿色税制服务绿色发展，通过全面深入的绿色税收分析，看生态、看社会、看过去、看未来，为企业的绿色发展决策提供参考，切实发挥绿色税收政策的职能效应。

第三节　政府采购政策支持高成长企业碳达峰行动

近年来，财政部及相关部门不断完善政府绿色采购政策，推动国家机关、事业单位和团体组织积极采购和使用相关企业的绿色低碳产品。目前，高成长企业的商品往往都具有绿色属性，政府采购政策支持作为实现国家战略目标的重要手段之一，能够有效助力高成长企业实现碳达峰目标，即政府采购支持政策可以通过增加低碳商品的消费需求、提升企业低碳创新能力、优化企业所属产业结构等方式，助力"双碳"目标的成功实现。

一　政府采购政策助力高成长企业碳达峰的实现路径

实践证明，从政府采购端注重低碳、减碳产品和服务，可倒逼高成长企业进行绿色创新和转型升级，进而架起绿色生产和绿色消费之间的一座座桥梁。从政府采购端明确低碳零碳技术、产品、服务优先采购方向，可引导和带动更多的企业资金、民间资本支持绿色低碳发展。在"双碳"目标的实现进程中，政府采购政策也发挥着越来越重要的作用，并且大有可为，前景美好。

（一）政府采购通过购买高成长企业低碳商品助力碳达峰目标实现

首先，高成长企业产品往往具有质量好和品牌形象好的优势，在与传统产品的市场竞争中处于优势地位，但由于前期的研发投入高，产品价格必定会高于传统产品。从另一个角度看，高出传统产品的价格是产品为减碳而多出的成本,当政府未介入时,这部分成本由消费者承担,当政府通过采购方式干预市场运行时,相当于为减碳而多出的成本由政府和消费者共同承担。其次,高成长企业低碳产品刚进入市场时,消费者往往会持观望态度,由于成长型企业并没有充足的周转资金,进而没有能力进行大规模营销宣传,政府采购实际上是一种财政资金支持,采购过程中降低了交易成本,同时政府采购的规模一般比较大,高成长企业在此过程中能够得到一定的利润从而进行资金的积累。最后,政府的低碳采购行为能够释放出积极信号,能够增强高成长企业低碳绿色产品的有效供给,规模性生产可以帮助高成长企业逐渐形成价格优势,同时形成良性的社会示范效应,助力全社会对低碳产品的需求,助力"双碳"目标的实现。

(二)政府采购通过激励高成长企业低碳科技创新助力碳达峰目标实现

一是政府采购具有指向性。政府低碳采购过程中,一般会发布较为详细的产品技术清单,高成长企业可以根据特定产品的技术标准进行有针对性的技术开发和创新,所生产的产品由政府采购,增加低碳绿色产品的需求。

二是政府采购弥补了高成长企业低碳技术创新的正外部性。高成长企业运用低碳技术所生产的低碳产品有利于生态环境的保护,减少碳排放量有利于"双碳"目标的实现。从生态环境的角度来说,高成长企业进行低碳技术创新具有正外部性,在不存在政府干预的情况下,因为有正外部效应的存在,企业进行低碳技术创新的意愿较弱,而政府采购具有目标性强、合同时间长、供应稳定、采购规模较大、预付部分款项等特点,政府采购一定意义上是对具有绿色低碳技术企业的财政支持,政府采购提升了企业进行低碳技术创新的意愿,弥补了企业进行低碳技术创新的正外部性。

三是政府采购增强高成长企业融资能力。高成长企业融资需求强烈,但"融资难、融资贵"的问题一直存在,获得政府采购订单在保障稳定的交易的同时,更是获得了政府对被采购企业的一种十分有效的担保和信用背书,银行等金融机构进行金融资金支持的可能性明显增强。

（三）政府采购通过高成长企业所属产业结构优化助力碳达峰目标实现

优化高成长企业所属产业结构是指其产业结构不断高级化，在这个过程中需要依次进行的是需求高级化、技术高级化、产品高级化，最终达到产业高级化。政府采购对低碳绿色产品的消费起到了促进作用，让需求高级化。政府采购提升了高成长企业低碳创新能力，让技术高级化。需求高级化和技术高级化会形成产品高级化，当高端产品占据市场最终会带动产业高级化。从市场的角度看，产业结构优化是低端产品被高端产品淘汰、低端产业被高端产业淘汰的结果，这也是加强战略引导，有力扩大内需，加快建设现代化产业体系，推动高质量发展的客观需要。

二 政府采购政策助力高成长企业碳达峰的问题短板

政府采购制度是财税政策推动高成长企业"双碳"目标实现的重要构成部分，探索政府采购标的、采购方式、供应商准入等制度的完善，提升政府采购制度对绿色科技发展、绿色产品推广、绿色服务提升有着积极作用，是"双碳"目标全面实现，经济高质量、可持续发展的必由之路，但目前仍有以下不足。

（一）目前政府采购制度尚未完善

从公布的相关政府采购法律法规和政策性文件中可以看出，虽然这些法律法规和政策性文件可以为政府低碳采购提供法律依据和政策性的框架，但是与世界部分发达国家相比，目前与政府采购相关的法律体系并不十分完善。

首先，中国目前没有一部完整的《政府绿色采购法》，与政府绿色采购相关的规定仅仅出现在《政府采购法》和与节能环保相关的法律中。日本的政府绿色采购制度实施较早，同时也比较彻底，并于2000年就颁布了《绿色购买法》。

其次，我国法律法规及政策的内容尚不完善，对绿色低碳采购范围的规定较为模糊，绿色产品清单各个省份之间并不一致，同时并未具体规定绿色采购清单的更新方式。韩国在绿色采购清单制定方面，成立了专门机构负责绿色采购清单的制定和更新。

最后，目前与政府绿色低碳采购相关的法律法规中，原则性和引导性较强，更多地是让政府引导社会进行绿色消费，缺乏如对高成长企业等特定主体的政策支持，具体的实施方案并无细则与强制措施。

（二）政府采购低碳购买效率不足

一是政府采购的准入难。主要体现于采购过程中存在地方保护主义。如一些地方采用了如采购信息延迟发布、对外地企业提高低碳采购标准、采购价格歧视等措施，优先考虑当地企业，优先考虑大企业和龙头企业，对成长型高技术企业支持力度不够，降低了政府采购支持政策的效率，不利于高成长企业公平市场环境的形成，抑制了政府采购对"双碳"目标的实现。

二是政府采购信息不对称。对于高成长企业而言，想要积极参与到政府采购过程中，必须建立高效透明的采购信息公开制度，明确公示采购资金的使用情况以及采购产品的信息，有利于高成长企业不断对标要求进行产品的布局和技术改进，便于企业加强采购监督，提高财政资金的使用效率，发挥出政策功效。

三是事后评价体系缺失。对于一般的政府采购活动而言，只是考虑经济效率和功能效率，对"双碳"目标的考核比较弱化，在目前的政府采购实践中缺少低碳绿色的相关考核指标。

（三）政府采购实施力度逐渐下降

在过"紧日子"的大环境下，特别是近几年新冠疫情的持续，中央包括地方的财政收入与刚性支出的矛盾越来越突出，政府采购受到财政预算的影响也越来越大。财政收支矛盾的加剧使得政府通过采购方式支持企业特别是对于正处于高速发展的高成长企业而言，力度明显不足，目前在助力企业实现"双碳"的过程中存在"力不从心"的现象。

三 政府采购政策助力高成长企业碳达峰的对策建议

为了促进高成长企业绿色发展，尽早实现"双碳"治理目标，积极推进政府采购政策改革势在必行，强化政府采购支持是落实中央"双碳"战略目标的具体举措，有利于激发企业加快绿色转型形成内在动力，有利于引导企业通过创新发展方式实现节能减排目标，塑造企业减污降碳行为，具体可以作出如下改进。

（一）完善政府低碳采购制度

目前我国没有一部完整的《政府绿色采购法》，与政府采购相关的法律法规仅仅零星地出现在《政府采购法》和其他与节能环保相关的法律中。日本、美国等部分发达国家均对政府绿色采购进行了立法。因此，建议尽快出台《政府绿色采购法》，为推行政府绿色采购提供法律依据。具体来说，应该规定以下内容：政府绿色采购的基本原则、绿色采购模式、绿色采购的范围和限额，包括绿色采购清单的制定方式和调整方式、环境标志产品的认证方式等；绿色采购的组织体系，包括主管部门、绿色产品标准的评定部门、绿色采购机构、招标代理机构、绿色产品供应商等等；规定各组织结构的职能、权限以及任职资格；绿色采购的监督方式，包括外部监督方式和内部监督方式，外部监督指的是整个绿色采购过程都要接受公众的监督，内部监督指的是所有采购环节和采购部门之间的制衡。

（二）提升政府低碳采购效率

禁止地方政府出台优先采购当地产品的政策性文件，建立公开、公平的招标机制。一是招标信息应当公开，包括对绿色产品的要求、采购时间等；二是招标信息应当在指定媒体的指定专栏进行公开；三是招标信息公布时间与采购活动开始时间的间隔应当充分，使供应商有充足的时间获得信息并进行准备。建议政府在进行绿色采购后制定《政府绿色采购信息报告》，披露绿色采购的规模、绿色采购占总采购规模的比重以及所采购绿色产品的种类、价格、供应商等信息，绩效评价体系不仅要考虑到政府绿色采购的经济效益，还要考虑到是否有利于"双碳"目标实现等生态效益，评价体系中要有碳排放情况、绿色低碳生活、绿色低碳技术、产业结构绿色化等评价指标。

（三）加大政府低碳采购力度

政府采购对"双碳"目标的实现具有重要作用，世界各国普遍采用政府采购方式促进既定战略目标的实现。以欧盟各国为例，其每年政府采购金额占 GDP 的 14% 左右。政府采购产品的标准、数量以及政府进行采购时选定产品供应商的标准会影响公众的绿色低碳消费观念、绿色低碳产品的品牌形象、绿色低碳产品的市场竞争状态、绿色低碳产品的价格、低碳技术的发展、产业结构的优化，等等。由于绿色产品、绿色技术具有正外部性，仅仅依靠市场很有可能出现市场失灵的现象，政府采购可以很好地解决这一问题。因此，政府应该加大绿色采购的力度，在预算支出范围中明确政府绿色采购支出，规定绿色采购支出金额的最低要求，在加大绿色采购的力度的同时，也应该遵循物有所值的原则，成立绿色产品政府采购指导委员会，加强环保部门与财政部门的沟通。

第十二章　碳交易支撑高成长企业碳达峰行动

碳交易是在以科斯定理等理论基础上，将环境负外部性问题通过市场机制内部化，从而实现环境效益与经济效益共赢。2023年1月，《全国碳排放权交易市场第一个履约周期报告》发布，全国碳市场运行框架基本建立。碳排放权交易市场通常基于"总量控制与交易"制度，将温室气体控制总量目标以碳排放配额的形式发放给纳入碳市场管理的企业，允许企业之间进行配额交易，并要求企业在每个周期向主管部门清缴不少于与其排放量相当的配额来完成履约责任。碳交易通过市场机制形成的价格信号引导碳减排资源的优化配置，从而降低全社会减排成本，推动绿色低碳产业投资，引导资金流动。其运行机制可以概括为总量设定、配额分配、交易及违约惩罚四个部分，有助于发挥市场规制作用，引导碳配额现货交易，并将碳金融引入其中，利用金融的资源配置功能进一步盘活市场，从而助力"碳达峰"目标实现。本章主要从碳排放市场规制、碳配额现货交易、碳金融三个方面分析如何利用碳交易助推高成长企业的碳达峰行动，为促进高成长企业实现绿色高质量发展奠定基础。

第一节　碳排放市场规制支撑高成长企业碳达峰行动

碳排放权交易市场在"创新、协调、绿色、开放、共享"的新发展理念、"绿水青山就是金山银山"的两山理论和"碳达峰碳中和"的"双碳"目标推动下建立，是我国经济高质量发展战略中的一项重要举措。碳排放权交易市场的建立完善了我国的环境治理机制,即由传统的政策导向进一步延伸到市场规制,利用市场这只"无形的手"推动高成长企业的节能减排和绿色转型,从而支撑高成长企业碳达峰行动。自2002年英国启动全球首个碳排放交易市场以来,日本、澳大利亚、瑞士、新西兰及韩国等国家也相继构建了国家或区域性碳排放交易体系。截至2020年,世界范围内共有31个碳排放交易体系,覆盖全球22%的温室气体排放,交易规模达2290亿欧元,碳排放交易总量达103亿吨;其中,欧洲市场交易总额占90%。自2011年起,我国在北京、上海、广东等7个省市相继启动区域性碳交易市场试点,全国碳排放权交易市场(电力行业)的筹建工作也于2017年正式启动,并于2021年正式运行①。本节主要阐述我国碳排放市场规制现存的实践问题,并据此提出助推高成长企业碳达峰行动的具体路径。

一 碳排放市场规制发展现存问题

碳排放权交易市场的建立伴随着碳排放市场规制的完善。就国内实践来看,碳排放权交易市场建设仍处于起步阶段,碳排放市场规制在覆盖范围、规制强度和体系化建设方面仍存在提升空间。

一是碳排放市场规制覆盖范围有限。我国碳排放权交易市场目前仅涵盖电力行业,覆盖范围有限。以欧盟碳排放权市场为例,其在第一阶段(2005—2007年)覆盖的行业范围就包括了电力和供暖行业、石油精炼行业、水泥和石化产业、玻璃制造业、砖瓦陶瓷产业、钢铁和焦炭制造业、纸浆和造纸业等;第二阶段(2008—2012年)又将交通业纳入其中②,覆盖范围较广。

二是碳排放市场规制强度有待提升。生态环境部于2020年12月发布的《碳排放权交易管理办法(试行)》规定"重点排放单位未按时足额清缴碳排放配额的,由其生产经营场所所在地设区的市级以上

---

① 郝颖、刘刚、张超:《国外碳交易机制研究进展》,《国外社会科学》2022年第5期。
② 鲁政委、叶向峰、钱立华、方琦:《"碳中和"愿景下我国碳市场与碳金融发展研究》,《西南金融》2021年第12期。

地方生态环境主管部门责令限期改正，处二万元以上三万元以下的罚款；逾期未改正的，对欠缴部分，由重点排放单位生产经营场所所在地的省级生态环境主管部门等量核减其下一年度碳排放配额"，并且为减轻配额缺口较大的重点排放单位履约负担，第一个履约周期设定配额履约缺口上限等柔性管理规定，总量管控较为宽松，处罚力度有限，规制强度有待提升。

三是碳排放市场规制体系化建设尚不完善。碳交易机制政策和体系相对复杂，需要较长周期逐步发展和完善。我国碳排放权市场的建立时间相对较短，在信息披露、市场监管、风险管理等方面还未形成完备体系。从国际碳市场的建立过程来看，体系化建设是伴随碳市场成熟而逐步完善的，完善的市场交易体系能够有效推动企业实现自身碳资产管理和风险识别。

二 碳排放市场规制助推高成长企业碳达峰行动的路径

碳排放市场规制属于经济激励型工具，即通过鼓励以市场为基础的方法来规范环境行为，在实现环境保护和可持续发展方面具有积极作用。具体来看，碳排放市场规制助推高成长企业碳达峰行动主要包括以下路径。

（一）扩大碳排放市场规制覆盖范围

目前我国碳排放权交易市场仅涵盖电力行业，覆盖范围有限。而高成长企业分布在各行各业，通过扩大碳排放市场规制的覆盖范围，将其扩大到八大高能耗行业（电力、建材、钢铁、有色金属、石化、化工、造纸、民航），能够将更多高成长企业纳入规制范围内，提升高成长企业的环保意识，从而助推高成长企业碳达峰行动。高成长企业的环保意识直接决定企业的碳减排力度，若企业具有较高的环保意识，对碳减排目标和路径具有清晰认知，生产经营等环节以碳达峰目标为宗旨，兼顾经济发展与环境保护，积极采取措施减排降碳，有助于加速推进碳达峰进程。而碳排放市场规制一方面传达了绿色发展的理念，加深高成长企业的环保意识；另一方面也将高成长企业变为环境保护的利益相关者，即企业日常生产经营活动所排放的污染物需要相应的碳配额冲抵，超额部分需要通过碳排放权交易市场购买，同时企业自身碳配额也可以作为资产进行出售，据此高成长企业的环保意识也得以被动提高。通过扩大碳排放市场规制的行业覆盖范围，将更多的高成长企业纳入重点排放单位能有效提高其环保意识，促使其积极开展低碳技术创新活动、努力构建绿色价值体系，从而助推全国碳达峰进程。

通过扩大碳排放市场规制的覆盖范围，促使高成长企业积极开展低碳技术创新活动，在实现自身节能减排的同时为污染型企业提供技术支持和技术服务，加快污染型企业的绿色生产进程，为实现碳达峰贡献企业力量。高成长企业作为新技术、新业态的代表，是"双碳"目标的重要实现主体，在碳排放市场规制下，能够充分发挥自身人才优势和技术优势，大力推动绿色低碳技术研发、示范和应用，为全国实现碳达峰提供科技支撑。2021年国务院发布《2030年度碳峰值行动计划》，指出要促进钢铁、有色金属、建筑等行业实现碳峰值，其中绿色低碳技术的研发、示范和应用是主要途径之一，而高成长企业在这一过程中起到重要推动作用。以上海为例，当地高成长企业依托新能源科技和低碳技术领域优势基础，针对"双碳"目标对前沿/颠覆性技术的显著需求，围绕超高效光伏电池、超大型浮式风机技术、绿色甲醇技术、负碳技术、人工光合作用技术、变革性二氧化碳转化利用技术、新一代核能技术等方向，开展深入持续的基础性研究，积极构建新型能源体系，促进传统能源的高效清洁低碳利用，努力实现低碳工业、低碳建筑、低碳交通等，助推碳达峰目标实现①。

通过扩大碳排放市场规制的覆盖范围，促使高成长企业努力构建绿色价值体系，让绿色低碳发展理念深入公司内部，潜移默化地改变内部员工的价值体系，促使企业员工在日常生活中积极践行绿色发展理念，养成低碳消费的习惯，并有效发挥各自主体的辐射带动作用，从而推进全国碳达峰进程。低碳消费也即公众日常生活消费低碳化的行为，这种行为主要有两种方式：一是消费者直接购买以"低能耗、低污染、低排放"为标准的产品和服务；二是消费者行为进一步影响

---

① 孙福全、许晔、庄珺、王超、傅翠晓：《上海依靠科技创新实现碳达峰的路径和举措》，《科学发展》2023年第1期。

生产者的生产理念和生产方式。高成长企业通过构建绿色价值体系，影响员工低碳消费观，促使其购买以"低能耗、低污染、低排放"为标准的相关产品和服务，既满足生活消费需要，也起到直接减排作用，有助于碳达峰目标的实现。例如：员工以公共汽车、新能源汽车和无轨电车等交通工具来代替私家车出行，不仅提高了运输效率，还降低了交通能耗；购买家电时选择节能空调、节能冰箱等节能家电能够逐步实现对高能耗家电的替代等。与此同时，由于消费者对低碳产品和低碳服务的需求日益增长，生产企业为了能够在市场中保持竞争力，更加重视低碳生产，达到间接减排作用。由此可见，高成长企业积极构建绿色价值体系有利于形成节能减排的良性循环，并且能够通过辐射带动作用进一步引导社会公众形成低碳消费理念，建立低碳消费生活方式，获得更高层次的消费体验，最终实现生活水平提高和碳排放量下降的双赢局面[①]。

（二）提升碳排放市场规制强度

目前我国碳排放权交易市场总量管控较为宽松，处罚力度有限，导致高成长企业生产经营活动的碳排放成本较低，弱化企业减排降碳动力，影响其管理决策与绿色可持续发展理念。通过提升碳排放市场规制强度，严惩不履约企业，如通过行政处罚、声誉处罚等综合手段，能够在一定程度上提高高成长企业的碳排放成本，促使其改变管理决策，把绿色可持续发展作为引领企业发展的大政方针，努力践行循环经济理念，积极履行企业社会责任，为实现碳达峰贡献企业力量。

通过加强碳排放市场规制强度，促使高成长企业努力践行循环经济理念，积极探索一体化循环经济产业模式，在实现绿色低碳发展、推动碳达峰进程的同时提高企业的核心竞争力。循环经济也即以资源高效利用和循环利用为核心，以"减量化、再利用、资源化"为原则，以低消耗、低排放、高效率为基本特征，符合可持续发展理念的经济增长模式，是对"大量生产、大量消费、大量废弃"传统增长

---

① 龙云安、陈满、黄奕：《成渝地区低碳科技促进碳达峰实现路径》，《合作经济与科技》2023年第3期。

模式的根本变革。循环经济的前提是绿色发展，应推动高成长企业以"低碳生产、高效利用、源头控制、综合治理"为环保管理方针，以排污许可管理为重点，以环保专项活动为抓手，以目标和问题为导向，持续推进环保提标改造，加强环保设施运行管理，建立完善的环境管控体系，推行清洁生产，实现废气达标排放、废水达标排放、废物综合利用。同时也要注重能源的循环利用，既保障原料的稳定供应，又能够降低能源消耗、物流成本和管理成本[①]，对于碳达峰目标的实现具有推动作用。

通过加强碳排放市场规制强度，促使高成长企业积极履行企业社会责任，积极参加绿色公益活动，如植树造林、垃圾清理、绿色捐赠等。在碳排放市场规制下，高成长企业间可以形成联盟，搭建互动平台，推出企业碳账户，进行低碳行为定义、低碳行为记录和监测、低碳行为量化、低碳行为展现和奖励等。也即通过企业在日常生产经营过程中进行的、可被平台所认定的低碳行为，如绿色生产、减纸减塑、循环利用等，经过平台监测和记录，量化企业低碳行为，计算企碳减排量。当企业的碳减排量积累到一定数额时，便以企业名义进行植树造林、垃圾清理、绿色捐赠等，完成后企业可以收到由对应政府部门颁发的证书[②]，有利于提升企业形象，实现企业价值。高成长企业积极参加绿色公益活动是履行社会责任的表现，既能够推动全国碳达峰进程，又能够利用公益效应促进企业长远发展。

（三）完善碳排放市场规制体系

从国际碳市场的建立过程来看，体系化建设是伴随碳市场的成熟而逐步完善的，完善的体系能够帮助企业实现自身碳资产管理和风险识别。新西兰碳市场在运行中期开始强化信息公开和信息披露，全国碳市场《碳排放权交易管理办法（试行）》中也多处提到相关信息公开，要求定期公开重点排放单位年度温室气体排放报告。因此应探索信息化市场价格和供需关系的监测路径，建立碳价格影响因素的动态

---

① 李鹏智、赵俊明、王宇航：《北元集团：用三个关键词 打造循环经济新业态》，《中国环境监察》2022年第8期。

② 阚珊、黄志斌：《"蚂蚁森林"对生态文明建设的作用机制及改进路向研究》，《山东农业大学学报》（社会科学版）2022年第3期。

第十二章　碳交易支撑高成长企业碳达峰行动

评估机制，完善碳市场信息披露流程，构建电子信息平台，提升披露效率，实现信息共享，加强社会监督。一方面，应尽快引入独立监管机构，要求参与碳排放权交易市场的企业详细披露涉碳信息，通过大数据分析平台、人工智能等分析技术，提高碳排放和碳绩效等信息的披露质量和监督管理，打击和制止碳市场价格操纵行为，维护交易市场的公平性、稳定性和高效性，促进企业实现低碳绿色转型。另一方面，要强化对登记注册和交易流程的监管，从机构和系统两个维度，加强风险隔离和风险防范。尽快实施《IPCC国家温室气体清单指南（2019修订版）》，建立与国际接轨的核查及数据管理制度，提高核算方法和数据管理的权威性和准确性，在条件成熟时采用市场化核查方式，提高核查效果和效率[1]，促使高成长企业定期进行环境信息披露、加快推进数字化转型进程。

通过完善碳排放市场规制体系，促使高成长企业定期进行环境信息披露，督促自身在日常生产经营过程中不断提高能源利用效率，实现降碳减排，从而有效推动碳达峰进程。环境信息披露是高成长企业主动承担社会责任的表现，披露信息越多、质量越高，说明企业节能减排责任履行得越充分，既有利于提升企业形象、实现企业价值，又能够起到模范带头作用，引领其他企业加快绿色发展，形成良性循环。即由于不断被社会认可，提升企业声誉，而声誉又成为企业品牌构建的重要因素，从而改善企业融资条件，使企业生产经营规模不断扩大，交易伙伴和供应商也更倾向于建立长期稳定合作，必要时给企业提供更长的信用期，也提升消费者对企业的信赖程度[2]，从而推动企业的可持续发展，为其他企业提供经验借鉴，加速碳达峰进程。

通过完善碳排放市场规制体系，促使高成长企业加快推进数字化转型进程，构建生产制造全流程的监控与管理，实现智能化生产，从而达到节约资源、降低能耗、保护环境的目的，进而助力碳达峰目标的实现。由于碳排放市场规制，高成长企业日常生产经营的排污规模

---

[1] 陈星星：《全球成熟碳排放权交易市场运行机制的经验启示》，《江汉学术》2022年第6期。

[2] 傅燕萍、肖大乔：《企业环境信息披露对企业绩效的影响研究》，《现代营销（上旬刊）》2022年第8期。

受限，企业亟须数字化转型推动绿色制造变革，以数字化转型实现节能降耗减排。高成长企业可以通过对生产工艺和设备进行数字化改造，进一步改善设备运行效率，从而提高能源利用效率，有效降低碳排放，促进企业实现绿色低碳发展。同时可以运用数字化技术构建能耗在线监控系统与管控系统，实现能源的精细化管理和优化利用，避免能源浪费，为精准降碳奠定基础。此外还可以借助于数字化赋能企业的精细化管理，提升日常生产管理效率，降低能源消费侧的消耗，最终实现节能降碳[1]。

第二节　碳配额现货交易支撑高成长企业碳达峰行动

碳排放配额简称碳配额，是指在规定时期内，政府分配给控排企业一定的碳排放额度，经相关主管部门核定后，发放并允许纳入控排企业特定时期内排放二氧化碳的数量。在碳交易市场中，当企业碳排放量高于或低于政府设定的碳配额时，其差额部分需在碳交易市场中进行交易，即高碳排放企业需在碳交易市场中购买超出部分的额度，低碳排放企业可在碳交易市场中出售剩余额度，从而促进碳交易市场的平稳运行[2]，约束企业的日常生产行为，有序推动碳达峰进程。从碳配额现货交易成交的时间分布来看，试点市场主体主要集中在履约期，即每年6月和7月进行交易，成交量占全年总量的30%以上。这表明我国碳交易试点市场上的参与者普遍以履约需求作为主要的交易动机。控排企业在履约期集中进行交易，导致配额的市场价格大幅上涨，而在履约期结束后又大幅下跌，这在一定程度上提高了企业的履约成本，降低了碳排放权交易市场降低总体减排成本的有效性[3]。本

---

[1] 林炜、张龙、王春华、唐猷成、石碧：《"双碳"目标下皮革产业绿色低碳发展与数字化转型的研究与实践》，《皮革科学与工程》2023年第1期。
[2] 巫瑞、夏西强、曾庆丽：《碳配额分配方式对碳减排影响对比分析》，《工业技术经济》2023年第2期。
[3] 鲁政委、叶向峰、钱立华、方琦：《"碳中和"愿景下我国碳市场与碳金融发展研究》，《西南金融》2021年第12期。

节主要阐述碳配额现货交易现存的理论和实践问题,并据此提出助推高成长企业碳达峰行动的具体路径。

一 碳配额现货交易发展现存问题

随着全国碳排放权交易市场运行框架的基本建立,国内碳排放权交易市场运行机制日臻完善,碳配额现货交易有序进行,但与发达国家相比,我国的碳排放权交易市场发展较慢,碳配额现货交易在配额分配方式、交易规模以及平台服务化方面仍存在提升空间。一是碳配额现货交易配额分配方式较为单一。目前,我国主要采用以免费分配为主的配额分配方式,在一定程度上补偿了控排企业的竞争力损失,是降低碳泄漏、鼓励碳减排的有效手段。但随着碳市场覆盖范围逐渐扩大、交易规则逐渐成熟、市场预期逐渐收敛,再过渡到以拍卖为主的分配方式,将能够更充分地发掘碳市场的减排效应。二是碳配额现货交易规模较小。从全国碳排放权交易市场碳排放配额成交量和成交金额看,除清缴日前后的交易较为活跃之外,其他多数时间成交量和成交金额较小,且《碳排放权交易管理办法(试行)》仅明确重点排放单位是交易主体,并未涉及碳资产管理公司、机构投资者、个人投资者等[①]。三是碳配额现货交易平台服务化不够全面。目前,我国碳排放权交易平台存在数据更新不够及时、交易价格不明确等问题,且未建立与客户进行信息互动的完善渠道,平台服务不够全面。

二 碳配额现货交易助推高成长企业碳达峰行动的路径

碳配额现货交易是目前我国碳排放权交易市场进行的主要交易,即将温室气体控制总量目标以碳排放配额的形式发放给纳入碳市场管理的企业,允许企业之间进行配额交易,并要求企业在每个周期向主管部门清缴不少于与其排放量相当的配额来完成履约责任。具体来看,碳配额现货交易助推高成长企业碳达峰行动主要有以下三条路径。

---

① 朱宝丽:《碳交易机制实践、政策效应与路径优化》,《南通大学学报》(社会科学版)2023年第1期。

（一）创新碳配额现货交易的配额分配方式

目前我国碳配额分配方式仍以免费分配为主，不利于节能减排和技术进步。通过创新碳配额现货交易的配额分配方式，采用以拍卖为主的配额分配方式能够更加充分地发挥碳排放权交易市场的减排效应，促使高成长企业加快绿色低碳技术研发、落实绿色低碳技术推广与应用，为推动碳达峰进程贡献企业力量。《碳排放权交易管理办法（试行）》明确提出，全国碳排放权交易市场关于配额分配方式的总体思路是初期免费分配，适时引入有偿分配。生态环境部编制形成了2021、2022 年度《全国碳排放权交易配额总量设定与分配实施方案》，全国碳排放权交易市场在启动初期采用基准法和历史强度法免费分配配额，适时引入有偿分配，待市场机制完善后提升有偿分配的比例。

通过创新碳配额现货交易的配额分配方式，使得高成长企业加快绿色低碳技术研发，在一定程度上促进企业的技术变革，提高企业日常生产经营过程中的能源利用率，降低废水、废气和固废排放，有效推动全国碳达峰进程。高成长企业作为经济高质量增长的主力军，同时也肩负着节能减排的重担，在国家相关政策支持下，已经实现了较快发展。但与普通企业相比，高成长企业本身具有研发投入大、研发风险高等特点，并且面临着更多的外部市场环境风险。具体来说，一方面，高成长企业面临的市场竞争环境更为激烈；另一方面，高成长企业受到来自中美贸易摩擦等国际环境的不利影响更为直接，从而使得高成长企业经营成本攀升，面临更高的财务风险。因此，面对碳排放权交易市场的建立，创新碳配额现货交易的配额分配方式有助于促使高成长企业发挥自身技术创新优势，依靠节能减排增加经济收益，并将所获得的收益再次用于低碳技术研发，形成良性循环，为实现碳达峰目标贡献企业力量。

通过创新碳配额现货交易的配额分配方式，使得绿色低碳技术推广与应用得到更好的落实，从源头上解决企业日常生产经营能源消耗大、污染排放多等问题，有效推动碳达峰进程。节能技术的推广与应用是推动碳达峰进程的重要抓手，是提高全社会能源利用效率、实现能耗总量和强度"双控"目标的重要手段，也是实现绿色发展、推动生态文明建设的重要支撑。打好污染防治攻坚战，打赢蓝天保卫战，既需要继续强化末端治理，也需要从源头上提高能效、减少污染物排放。加大节能技术改造、推进节能技术应用是一项多赢举措，不仅能推动污染型企业的技术进步，降低其生产经营成本，还可以为污染防治攻坚战作出贡献，同时也有利于高成长企业自身的长远发展。目前国家在节能技术推广与应用方面已经开展大量工作，国家发展改革委已经连续十年发布《国家重点节能低碳技术推广目录》，工信部也发布《国家工业节能技术装备推荐目录》，地方各省市也在相继发布地区范围内的节能技术推荐目录等。这些持续性措施已取得明显效果，但长期以来，我国节能技术推广与应用存在诸多障碍，已经成为绿色发展的制约因素之一，在一定程度上阻碍了碳达峰进程。具体而言，节能环保领域属于较为专业的技术领域，面对的客户群体也是较为专业的用能企业，由于供需双方信息不对称，导致高成长企业中的节能技术企业普遍存在获客难现象[①]。而碳配额现货交易有助于有效打破信息壁垒，帮助节能技术企业和用能企业牵线搭桥，有效促进节能技术推广与应用，助力碳达峰目标实现。

（二）丰富碳配额现货交易形式

目前我国碳排放权交易市场存在规模较小的问题，在一定程度上阻碍了交易主体的碳配额现货交易活动，不利于高成长企业碳资产交易，影响了企业的经济收益。通过丰富碳配额现货交易形式，将"碳配额"和清洁发展机制（CDM）项目结合，提高碳配额现货交易效率，扩大碳配额现货交易规模，有助于提升高成长企业经济收益，助推高成长企业碳达峰行动。高成长企业技术创新能力较强，相对于同行业普通企业而言，碳排放量可能较少，其可以通过在碳排放权交易市场出售剩余的碳排放额度，增加企业收益。在此基础上，高成长企业为实现减排降碳、盈余更多碳排放额度，会进一步加大低碳技术研发投入、不断引进高质量人才、逐步完善品牌建设，从而使得企业在占有更多市场份额的同时拥有更多碳资产，获得更高经济收益，形成节能减排的良性循环，

---

① 公丕芹、王兴娣、辛升：《致力破解节能技术推广四重难题 推动产业绿色发展》，《中国经贸导刊》2019年第13期。

为其他企业发展提供经验借鉴，推动全国碳达峰进程。

通过丰富碳配额现货交易形式，使得高成长企业对于高质量人才具有更大吸引力，人才队伍建设得以逐步完善，从而推动高成长企业的低碳技术创新进程，为实现减排降碳提供人才支撑。相对于普通中小型企业，高成长企业对人才的质量要求和依赖程度更高，但由于高成长企业存在规模较小、名气不足、薪酬体系不健全、营运资金较少等问题，常常一人多岗，难以做到专岗专用，导致企业招不到、留不住高质量人才。碳排放权交易市场建立后，丰富的碳配额现货交易形式能够促使高成长企业将自身盈余的碳配额按市场价格出售，增加企业收益，扩大企业规模，有能力给予员工更加完备的薪酬福利，助力高质量人才的引进，为推进碳达峰行动提供人才支撑。

通过丰富碳配额现货交易形式，使得高成长企业更加注重品牌建设，在提升企业声誉的同时引领其他企业的绿色可持续发展，从而为全国碳达峰行动添砖加瓦。品牌是质量、技术、信誉和文化的重要载体，是一系列科学、系统举措与结果的总和，是推动企业高质量发展、提升企业竞争力的核心要素之一，也是企业核心竞争优势的重要体现。高成长企业发展速度较快，发展潜力巨大，但由于大部分高成长企业成立时间较短、规模较小，且在很大概率上未完成体系化建设，从而导致企业的品牌战略意识尚且不足、品牌举措缺乏清晰的规划、品牌支持体系较为薄弱①，阻碍了企业长远发展。因此，在碳排放权交易市场建立后，丰富的碳配额现货交易形式能够有效提升高成长企业的经济收益，企业将一部分盈余资金用于品牌建设，不断做大做强，为其他企业的发展提供经验借鉴，同时也能通过辐射带动作用促使普通企业加快减能降碳，推动全国碳达峰进程。

（三）建立健全碳配额现货交易平台服务体系

目前我国碳排放权交易平台存在数据更新不及时、交易价格不明确等问题，且未建立完善的与客户信息互动的渠道，平台服务化不够全面。建立健全碳配额现货交易平台服务体系有助于拓宽企业间沟通渠道，促使高排放企业与低排放企业通过碳配额现货交易平台建立联系，

---

① 毛献伟：《制造业企业品牌建设创新与实施》，《中国储运》2022年第7期。

第十二章 碳交易支撑高成长企业碳达峰行动

促进了企业间交流合作，如果双方有技术交叉或者业务重叠，还有可能进一步达成合作关系。高成长企业作为技术创新的代表，引领着我国中小企业的技术进步和发展，在促进节能减排、推动碳达峰行动中起着重要作用。碳排放权交易市场建立后，高成长企业通过这一平台与普通企业建立联系，进行技术沟通、推动技术创新，从而能够在一定程度上提高能源的利用效率、降低污染物的排放，助推全国碳达峰进程。

通过建立健全碳配额现货交易平台服务体系，使得企业间的技术沟通更加通畅，促进了技术信息共享，有助于技术问题的有效解决，从而推动低碳技术创新活动更好更快地开展，并能够进一步带动污染型企业的清洁生产和绿色转型，有效推动全国碳达峰进程。中央财经领导小组第六次会议强调，我国已经成为世界上最大的能源消费国，应坚决控制能源消费总量，有效落实节能优先方针，把节能贯穿于经济社会发展的全过程和各领域。企业间沟通渠道的拓宽一方面促进了高成长企业间的技术沟通，有利于解决技术难题，促进绿色低碳技术研发，从而推动节能减排；另一方面，高成长企业与污染型企业通过碳配额现货交易建立联系，促进绿色信息共享，在一定程度上促使污染型企业深刻认识到绿色发展的重要性，促使其通过技术引进或者自主研发加速绿色转型进程，为实现碳达峰目标贡献企业力量。

通过建立健全碳配额现货交易平台服务体系，使得企业间技术合作得以顺利开展，推动技术创新进程加快，从而有效推动节能减排，为实现碳达峰目标提供技术支撑。已有研究表明，技术创新高度依赖相关知识，企业只有在知识吸收、整合以及扩散的过程中才能逐渐形成创新能力，而频繁的企业间技术交流、沟通、互动有利于企业间知识碰撞，出现知识的整合与扩散，形成新的知识被企业吸收，从而提升企业的技术创新能力。此外，技术沟通与合作需要建立在良好信任的基础上，企业间信任度的提高能降低企业间技术合作的成本以及提升合作关系的灵活性，使企业在技术合作中不断提升自身的技术创新能力[①]。碳配额现货交易通过连接碳市场企业双方，无形之中提高了企业双方技术合作的

---

① 黄拓：《企业间技术合作对企业技术创新能力的影响》，《现代经济信息》2016年第2期。

信任度，促进了技术信息共享，显著推动了技术创新进程，为实现节能减排提供更加高效便捷的渠道，从而助力碳达峰目标更好更快实现。

第三节　碳金融支撑高成长企业碳达峰行动

碳金融作为绿色金融的重要组成部分，是温室气体排放权交易以及与之相关的各种金融活动和交易的总称，为全球控制温室气体排放提供了重要的市场支持，同时也成为潜力巨大的金融交易市场，在推动我国中小企业生产经营绿色化方面发挥了积极作用，也是实现"双碳"目标必不可少的关键环节。价格发现是碳排放权交易市场发挥金融功能的关键，即通过对碳排放权市场化定价，约束企业碳排放，激励企业碳减排。然而，目前我国碳市场金融化程度总体偏低，虽然部分地方试点碳市场和金融机构开发了碳远期、碳债券、碳基金、碳排放权抵质押融资等碳金融产品，但是整体规模较小、缺乏可持续性，金融机构参与积极性不大，同时各地发展也不均衡，因此仍然缺乏系统的碳金融市场。从国际成熟市场的发展经验来看，碳金融与碳市场的发展应相辅相成，碳金融能为碳市场提供充足的流动性，为碳市场参与者提供风险管理工具，为激活与管理碳资产创造条件，吸引更多长期资金参与碳市场建设，有利于碳市场的持续健康发展[①]。

一　碳金融发展现存问题

中国碳金融的发展经历了从制度体系不完善到市场平稳运行，从碳交易市场试点到设立全国性碳市场的过程，但在交易市场活跃度和衍生品市场形成方面仍存在提升空间，具体如下。

一是碳排放权交易市场交易尚不活跃，碳排放权价值未得到充分体现，导致碳排放权质押融资空间受限，多以小额融资为主。由于目前全国碳排放权交易市场处于初期阶段，实行免费配额分配制度，且

[①] 鲁政委、叶向峰、钱立华、方琦：《"碳中和"愿景下我国碳市场与碳金融发展研究》，《西南金融》2021年第12期。

首批纳入的仅包括电力企业,导致碳排放权交易市场的交易活跃度低,市场流动性不足导致市场成交价远低于资产合理价值。

二是碳排放权衍生品市场尚未形成,风险对冲工具少,贷款双方参与意愿不强。欧美国家由于具有成熟的碳排放权交易市场和金融衍生品市场,使得碳排放权质押融资贷款比较普遍,这一方面可以提高碳排放权的交易活跃度,另一方面可以对冲项目的融资风险[1]。

三是碳金融市场的管理理念有待转变。目前我国的碳市场管理思路是在碳现货市场基础成熟后再推出碳期货,因此国内碳市场仍以现货交易为主,并未开展碳期货交易。同时碳金融的发展需要财税、环保等各项配套政策的大力扶持,然而目前相关管理机构的引导政策还不够健全,导致商业银行参与碳金融的外部激励不足,国内商业银行参与积极性有限。

二 碳金融助推高成长企业碳达峰行动的路径

碳金融的兴起来源于国际气候政策的变化,涉及两个重大的国际公约——《联合国气候变化框架公约》和《京都议定书》。根据《京都议定书》,我国作为发展中国家在2012年之前不需要承担碳减排任务,但可以参加清洁发展机制(CDM)下的项目开发,通过该机制取得相应的碳减排量并向发达国家出售获取收益。具体来看,碳金融助推高成长企业碳达峰行动可以通过以下路径。

(一) 扩大碳金融市场参与主体

目前我国碳金融市场参与主体较为单一,基本为重点排放单位,金融机构较少,市场活跃度不够。在碳期货、碳期权等具有金融属性的产品引入后,应逐步放开银行、保险公司、资管公司、基金公司等金融业主体进入市场,鼓励其开展碳金融产品投资、交易等业务,提升市场活跃度与流动性,有效发挥金融机构资源配置、风险控制和市场定价等功能。金融机构的加入能够促进碳金融产品开发和布局,积极申请碳减排政策工具,与高成长企业建立良好合作,推动其加快低碳技术创新,在促进自身生产经营节能减排的同时,为污染型企业提

---

[1] 贺聪、江红波:《碳排放权质押融资模式研究》,《中国产经》2023年第3期。

供技术服务，从而助力低碳经济的发展和全国碳达峰目标实现。

通过扩大碳金融市场参与主体，使得高成长企业与金融机构的信息交流更加频繁，提高企业获得金融信息的及时性，有利于企业开展金融业务，获得更好的融资条件，有能力投入更多资金进行绿色低碳技术研发，实现节能减排，推动全国碳达峰进程。在碳金融市场支持下，扩大市场参与主体能够促使高成长企业充分发挥自身技术创新优势，将节能减排所释放出的碳排放权到金融市场上进行抵押、质押融资等，或者根据金融机构释放的信息，利用碳排放权开展金融业务，从而提高企业经济收益，为绿色低碳技术创新提供更为充足的资金流，也为同类型企业绿色低碳发展提供经验借鉴，引导污染型企业加快绿色转型，推动全国碳达峰进程。

通过扩大碳金融市场参与主体，促使高成长企业在日常经营业务基础上拓展金融业务，增加营业收入，从而拥有更多的盈余资金进行绿色低碳技术研发，实现减排降碳，有效推动全国碳达峰进程。例如，在碳金融市场支持下，通过扩大市场参与主体，将金融机构纳入进来，使得高成长企业可以将自身拥有的碳配额或者碳信用等碳资产作为抵/质押标的物，向商业银行办理抵/质押融资贷款。同时，高成长企业可以与商业银行签订碳回购协议，即将企业持有的碳资产出售给商业银行，并在一定期限内根据协议约定的价格回购所售的碳配额，实现短期资金的融通[①]。此外，高成长企业还可以利用金融科技建立碳排放数据库，在督促自身节能减排的同时为其他企业提供技术服务和技术监控，从而有效推动全国碳达峰进程。

（二）创新碳金融工具

创新碳金融工具能够拓宽高成长企业的融资渠道，而融资是高成长企业改善资金困境、优化资本结构、提高风险抵御能力的有效手段，在促进高成长企业扩大经营规模、增强核心竞争力、提高可持续发展能力方面发挥着重要作用。融资渠道拓宽使得高成长企业能够通过信贷支持缓解融资困境，还可以通过股权融资和发行资产证券化产品以优化企业内部资本结构，提高企业风险抵御能力，为高成长企业

---

① 王鹏：《商业银行碳金融业务模式与发展方向》，《金融纵横》2022 年第 11 期。

的低碳技术研发提供有效的资金支撑，有效助力碳达峰目标实现。

通过创新碳金融工具，使得高成长企业有能力投入更多资金进行绿色低碳技术研发，实现节能减排，从而助力全国碳达峰行动。高成长企业是我国经济发展的生力军，在促进经济发展、扩大就业、维护社会和谐稳定以及推动绿色可持续发展等方面发挥着举足轻重的作用，并且凭借创新能力强、成长周期短、爆发式增长等特征，已经逐渐成为引领新业态升级、新经济发展以及行业创新的重要主体。然而正是由于高成长企业发展速度较快，且以技术创新为特色，因此对资金有着更高需求，又由于大多数高成长企业成立年限较短，融资能力有限，导致企业面临着一定资金困境。在碳金融市场支持下，碳金融工具的创新能够促使高成长企业充分发挥自身技术创新和节能减排优势，通过碳排放权抵押和质押、碳债券、碳基金、碳信托等渠道获得资金，在拓宽融资渠道的同时，缓解企业资金困境，加快低碳技术研发，不断提高企业的核心竞争力，并形成辐射带动作用，引领其他企业进行绿色转型，从而助力碳达峰目标实现。

通过创新碳金融工具，企业内部资本结构得以优化，增强风险抵御能力和可持续发展能力。企业资本结构代表了不同资金来源的构成，即不同类别债务资金与权益资本的比例关系。根据创新的固有特性，高成长企业的创新活动具有风险高、试验时间长、回报周期长等特点，需要长期稳定的资金投入。而企业用于研发投入的资金来源主要包括内部资金和外部融资，部分研发项目需要大量资金投入，企业内部资金有限，无法保证创新活动持续进行，因此相对稳定的外部资金来源就尤为重要。资本结构是影响企业创新效率的重要因素[①]。在碳金融市场支持下，金融机构加入碳交易（如中金公司、华泰证券、中信建投、东方证券等），通过创新碳金融工具体现碳市场供给与需求，推动实现市场有效定价和资源的优化配置，加速碳排放权交易的流通性，促进碳排放权价值的市场实现，同时拓宽高成长企业的融资渠道，优化企业的内部资本结构，保障企业创新活动的稳定开展，有效推动全国碳达峰进程。

---

① 陆欢欢、李成纯：《资本结构、制度与企业创新绩效》，《经营与管理》2023年第2期。

(三) 转变碳金融市场管理思路

目前,我国的碳市场管理思路是在碳现货市场基础成熟后再推出碳期货,同时碳金融发展需要财税、环保等各项配套政策,然而目前相关管理机构的引导政策尚未健全,商业银行参与碳金融交易的外部激励和积极性有限。因此,通过转变碳金融市场管理思路对于创造良好的碳金融市场环境具有重要推动作用,有利于高成长企业与金融机构开展良好合作、丰富资产类型,助力碳达峰行动。

通过转变碳金融市场管理思路,促使高成长企业与金融机构有序开展良好合作,提高企业金融资源获得的便利性,有效助力企业的绿色低碳转型,推动全国碳达峰进程。为引导银行业、保险业发展绿色金融,将更多金融资源投入绿色低碳发展领域,有序推进碳达峰碳中和工作,中国银保监会发布了《银行业保险业绿色金融指引》,要求银行、保险机构从战略高度推进绿色金融,加大对绿色、低碳、循环经济的支持。在碳金融市场支持下,转变碳金融市场管理思路能促使加强高成长企业与金融机构的良好合作,促使其大力发展绿色低碳经济,并借此获得更多的金融资源,有效促进企业的低碳技术研发,实现企业日常生产经营活动的节能减排,为实现碳达峰目标贡献企业力量。

通过转变碳金融市场管理思路,使得高成长企业资产类型逐渐丰富,风险防控能力得以提高。企业的风险防控能力是影响企业市场竞争力和可持续发展的重要指标,受到发展环境、相关制度以及企业自身的财务状况等多重因素的影响。从企业自身财务状况来看,企业的资产及其结构、负债及其结构、权益及其结构、收入及其结构、费用及其结构、利润及其结构决定着企业的财务风险防控能力,而资产种类越丰富、负债和权益适当结合能够显著提升企业的财务风险抵御能力,即面对复杂多变的国际格局和市场环境,丰富的资产形式和负债权益结构能够有效分散风险。在碳金融市场支持下,通过转变碳金融市场管理思路,使高成长企业的融资渠道逐渐拓宽,既可以通过买卖碳排放权直接获得资金,又可以通过碳排放权抵押和质押、碳债券、碳基金、碳信托等渠道获得资金,有助于提升企业风险防控能力,促使其加快低碳技术研发,实现节能减排,从而助力碳达峰行动。

参考文献

曹兴等:《高技术企业成长模式重构及实现方式》,《管理学报》2010年第4期。

陈占明等:《中国地级以上城市二氧化碳排放的影响因素分析:基于扩展的 STIRPAT 模型》,《中国人口·资源与环境》2018年第10期。

崔璐、钟书华:《基于层次分析——灰色关联度综合评价法的高技术中小企业成长性测度》,《科技进步与对策》2011年第24期。

关海玲等:《碳排放与城市化关系的实证》,《中国人口·资源与环境》2013年第4期。

郭朝先:《产业结构变动对中国碳排放的影响》,《中国人口·资源与环境》2012年第7期。

荆浩等:《成长型科技中小企业识别研究》,《管理评论》2007年第9期。

李广明、王雨佳:《基于灰色模型的区域旅游业碳排放发展趋势研究》,《生态经济》2016年第5期。

李国志、周明:《人口与消费对二氧化碳排放的动态影响——基于变参数模型的实证分析》,《人口研究》2012年第1期。

李茜、张文洁:《基于灰色关联度的中小企业成长性评价模型》,《上海管理科学》2016年第4期。

林伯强、蒋竺均:《中国二氧化碳的环境库兹涅茨曲线预测及影响因素分析》,《管理世界》2009年第4期。

林常青、蒋荟媛:《基于突变级数法的我国中小包装企业成长性评价》,《湖南工业大学学报》2019年第6期。

鲁万波等:《中国不同经济增长阶段碳排放影响因素研究》,《经济研究》2013年第4期。

渠慎宁、郭朝先:《基于STIRPAT模型的中国碳排放峰值预测研究》,《中国人口·资源与环境》2010年第12期。

邵帅等:《中国制造业碳排放的经验分解与达峰路径——广义迪氏指数分解和动态情景分析》,《中国工业经济》2017年第3期。

申萌等:《技术进步、经济增长与二氧化碳排放:理论和经验研究》,《世界经济》2012年第7期。

宋德勇、徐安:《中国城镇碳排放的区域差异和影响因素》,《中国人口·资源与环境》2011年第11期。

宋鹏、黄倩:《我国创业板上市公司成长性测量》,《财经科学》2012年第1期。

唐德才、吴梅:《2013—2020年江苏省碳排放驱动因素趋势预测》,《生态经济》2016年第1期。

王锋等:《多维度城镇化视角下的碳排放影响因素研究——基于中国省域数据的空间杜宾面板模型》,《中国人口·资源与环境》2017年第9期。

王少剑等:《中国城市能源消费碳排放的区域差异、空间溢出效应及影响因素》,《地理学报》2018年第3期。

王喜等:《我国碳排放变化影响因素的时空分异与调控》,《经济地理》2016年第8期。

王宪恩等:《区域能源消费碳排放峰值预测及可控性研究》,《中国人口·资源与环境》2014年第8期。

王勇等:《不同情景下碳排放达峰对中国经济的影响——基于CGE模型的分析》,《资源科学》2017年第10期。

魏巍贤、杨芳:《技术进步对中国二氧化碳排放的影响》,《统计研究》2010年第7期。

徐海峰、陈存欣:《企业成长性对研发投入的影响研究》,《科学管理研究》2019年第3期。

许广月、宋德勇:《中国碳排放环境库兹涅茨曲线的实证研究——基于省域面板数据》,《中国工业经济》2010年第5期。

杨莉莎等:《中国碳减排实现的影响因素和当前挑战——基于技术进步的视角》,《经济研究》2019 年第 11 期。

张兵兵等:《技术进步对二氧化碳排放强度的影响研究》,《资源科学》2014 年第 3 期。

张腾飞等:《城镇化对中国碳排放的影响及作用渠道》,《中国人口·资源与环境》2016 年第 2 期。

赵忠秀等:《基于经典环境库兹涅茨模型的中国碳排放拐点预测》,《财贸经济》2013 年第 10 期。

郑海涛、胡杰、王文涛:《中国地级城市碳减排目标实现时间测算》,《中国人口·资源与环境》2016 年第 4 期。

钟明明:《小微企业成长性影响因素探究》,《经贸实践》2017 年第 18 期。

周亚军、吉萍:《产业升级、金融资源配置效率对碳排放的影响研究——基于省级空间面板数据分析》,《华东经济管理》2019 年第 12 期。

朱勤等:《人口与消费对碳排放影响的分析模型与实证》,《中国人口·资源与环境》2010 年第 2 期。

朱宇恩等:《基于 IPAT 模型和情景分析法的山西省碳排放峰值年预测》,《资源科学》2016 年第 12 期。

Acs Z. J., Armington C., "The Impact of Geographic Differences in Human Capital on Service Firm Formation Rates", *Journal of Urban Economics*, Vol. 56, No. 2, 2004.

Audretsch D. B., Dohse D., "Location: A Neglected Determinant of Firm Growth", *Review of World Economics/Weltwirtschaftliches Archiv*, Vol. 143, No. 1, 2007.

Audretsch D. B. et al., "Firm Growth and Innovation", *Small Business Economics*, Vol. 43, No. 4, 2014.

Beck T. et al., "Financial and Legal Constraints to Growth: Does Firm Size Matter?", *The Journal of Finance*, Vol. 60, No. 1, 2005.

Beck T. et al., "SMEs, Growth, and Poverty: Cross-Country Evidence", *Journal of Economic Growth*, Vol. 10, No. 3, 2005.

C. C. J. , "Population Growth and Air Quality in California", *Demography*, Vol. 35, No. 1, 1998.

Chittenden F. et al. , "Small Firm Growth, Access to Capital Markets and Financial Structure: Review of Issues and an Empirical Investigation", *Small Business Economics*, Vol. 8, No. 1, 1996.

Coad A. et al. , "Growth Processes of Italian Manufacturing Firms", *Structural Change and Economic Dynamics*, Vol. 22, No. 1, 2010.

Coad A. , Guenther C. , "Processes of Firm Growth and Diversification: Theory and Evidence", *Small Business Economics*, Vol. 43, No. 4, 2014.

Coad A. , Rao R. , "Innovation and Firm Growth in High-tech Sectors: A Quantile Regression Approach", *Research Policy*, Vol. 37, No. 4, 2008.

Cooper M. C. et al. , "Supply Chain Management: More Than a New Name for Logistics", *The International Journal of Logistics Management*, Vol. 8, No. 1, 1997.

Delmar F. et al. , "Arriving at the High-growth Firm", *Journal of Business Venturing*, Vol. 18, No. 2, 2003.

Du J. , Temouri Y. , "High-growth Firms and Productivity: Evidence from the United Kingdom", *Small Business Economics*, Vol. 44, No. 1, 2015.

Eileen F. et al. , "The Role of Socially Constructed Temporal Perspectives in the Emergence of Rapid-Growth Firms", *Entrepreneurship Theory and Practice*, Vol. 22, No. 2, 1998.

Feldman M. P. , Audretsch D. B. , "Innovation in Cities: Science-based Diversity, Specialization and Localized Competition", *European Economic Review*, Vol. 43, No. 2, 1999.

Goedhuys M. , Sleuwaegen L. , "High-Growth Entrepreneurial Firms in Africa: A Quantile Regression Approach", *Small Business Economics*, Vol. 34, No. 1, 2010.

Henrekson M. , Johansson D. , "Gazelles as Job Creators: A Survey and Interpretation of the Evidence", *Small Business Economics*, Vol. 35, No. 2, 2010.

Holzl W. , "Is the R&D Behaviour of Fast-growing SMEs Different? Evidence from CIS III Data for 16 Countries", *Small Business Economics*, Vol. 33, No. 1, 2009.

Ichak, Adizes, "Organizational Passages—Diagnosing and Treating Lifecycle Problems of Organizations", *Organizational Dynamics*, 1979.

Kakati M., "Success Criteria in High-tech New Ventures", *Technovation*, Vol. 23, No. 5, 2003.

Li F. et al., "Can China Achieve its CO_2 Emissions Peak by 2030?", *Ecological Indicators*, Vol. 84, 2018.

Lin B. et al., "Is the Environmental Kuznets Curve Hypothesis a Sound Basis for Environmental Policy in Africa?", *Journal of Cleaner Production*, Vol. 133, 2016.

Michael D. et al., "Population Aging and Future Carbon Emissions in the United States", *Energy Economics*, Vol. 30, No. 2, 2006.

Mingsheng C., Yulu G., "The Mechanism and Measures of Adjustment of Industrial Organization Structure: The Perspective of Energy Saving and Emission Reduction", *Energy Procedia*, Vol. 5 (C), 2011.

Niosi J., "Alliances Are Not Enough Explaining Rapid Growth in Biotechnology Firms", *Research Policy*, Vol. 32, No. 5, 2003.

Penrose E., "The Theory of the Growth of the Firm", *Long Range Planning*, Vol. 29, No. 4, 1995.

Regan N. et al., "In Search of the Drivers of High Growth in Manufacturing SMEs", *Technovation*, Vol. 26, No. 1, 2006.

Ehrlich P. R., Holdren J. P., "Impact of Population Growth", *Science (New York, N. Y.)*, Vol. 171, No. 3977, 1971.

Robson P. J. A., Bennett R. J., "SME Growth: The Relationship with Business Advice and External Collaboration", *Small Business Economics*, Vol. 15, No. 3, 2000.

Segarra A., Teruel M., "High-growth Firms and Innovation: An Empirical Analysis for Spanish Firms", *Small Business Economics*, Vol. 43, No. 4, 2014.

Smallbone D., Leig R., North D., "The Characteristics and Strategies of

High Growth SMEs", *International Journal of Entrepreneurial Behaviour & Research*, Vol. 1, No. 3, 1995.

Stam E., Wennberg K., "The Roles of R&D in New Firm Growth", *Small Business Economics*, Vol. 33, No. 1, 2009.

Storey D. J., "New Firm Growth and Bank Financing", *Small Business Economics*, Vol. 6, No. 2, 1994.

York R., "Demographic Trends and Energy Consumption in European Union Nations, 1960 – 2025", *Social Science Research*, Vol. 36, No. 3, 2006.

后 记

"好雨知时节,当春乃发生。"历经冰封和雪飘,又是一年春来到。面对风高浪急的国际环境和艰巨繁重的国内改革发展稳定任务,在以习近平同志为核心的党中央坚强领导下,全党全国各族人民迎难而上,保持了经济社会大局稳定。春天是一个万物复苏的季节,中国经济也正在复苏。

2020年习近平总书记向世界庄严承诺"二氧化碳排放力争于2030年前达到峰值,努力争取2060年前实现碳中和"。2021年国务院印发《2030年前碳达峰行动方案》,各部门各地方相继印发碳达峰专项行动方案。可以说,碳达峰已经成为广泛的社会共识,企业特别是高成长企业理应在碳达峰行动中发挥更加重要的作用。

"高成长企业研究博士工作站"在江苏省政府研究室、南京市委宣传部的支持下稳步迈进,聚焦高成长企业发展动态,追踪高成长企业演化路径。课题组自成立以来一直致力于高成长企业的发展研究,通过不断追踪高成长企业的发展动态,现已积累一定成果。本书是年度系列成果四,重点探索高成长企业碳达峰行动。

回溯书稿的撰写过程,工作站成员一起讨论研究书稿大纲,互商互助、共同努力、汇智汇力共同完成这本著作。南京市社会科学院郑琼洁研究员组织策划本书,并负责统稿工作。第一章由西北大学博士研究生万伟撰写,第二章由宁波大学商学院余杨教授撰写,第三章由南京市社会科学院郑琼洁研究员撰写,其中部分内容由中国科学院科技战略咨询研究院夏炎副研究员提供,第四章、第五章、第六章、第七章、第八章、第九章由中共湖南省委党校(湖南行政学院)谢庆助理研究员撰写整合,第十章由南京工业职业技术大学钱晓燕讲师撰写，第十一章由江苏省税务局四级主办姜龙舟撰写，第十二章由河海大学李祎雯副教授撰写。书稿的校对和收集由杨俊艳、周思源、黄旭、黄以安、姜风振完成。

感谢江苏省政府研究室和南京市委宣传部对工作站建设的悉心指导，感谢南京市独角兽瞪羚企业俱乐部为本书案例举荐提供支持，感谢南京南钢产业发展有限公司、双良集团有限公司、安元科技股份有限公司、南京碧盾环保科技股份有限公司、江苏久吾高科技股份有限公司、南京科润工业介质股份有限公司、好享家舒适智能家居股份有限公司、菲尼克斯电气中国公司、南京易司拓电力科技股份有限公司、南京领行科技股份有限公司、江苏云快充新能源科技有限公司、中储南京智慧物流科技有限公司、开沃新能源汽车集团股份有限公司、江苏擎天工业互联网有限公司、南京万德斯环保科技股份有限公司等，为本书提供了生动鲜活的案例素材。感谢南京市社会科学界联合会、南京市社会科学院、江苏省扬子江创新型城市研究院的各位领导对工作站一直以来的关心和帮助。

由衷感谢曹劲松研究员、张鸿雁教授、季文研究员等多次对工作站和课题组给予系统化的指导，提出诸多建设性的意见。同时，中国社会科学院城市竞争力中心主任倪鹏飞教授，《群众》杂志副主编李程骅教授，南京大学商学院范从来教授、张二震教授等，为工作站的建设和发展提出了很多宝贵建议，课题组表示衷心感谢。得益于各方面的支持与帮助，工作站快速发展壮大，目前已经吸纳30余位高校和科研院所英才，他们以不同形式参与工作站的工作。

毋庸置疑，由于时间仓促，本书还存在一些不足，敬请各位读者批评指正！

高成长企业研究博士工作站课题组
2023年4月